新特産シリーズ

ジネンジョ

ウイルスフリー種いもで安定生産
上手な売り方と
美味しい食べ方

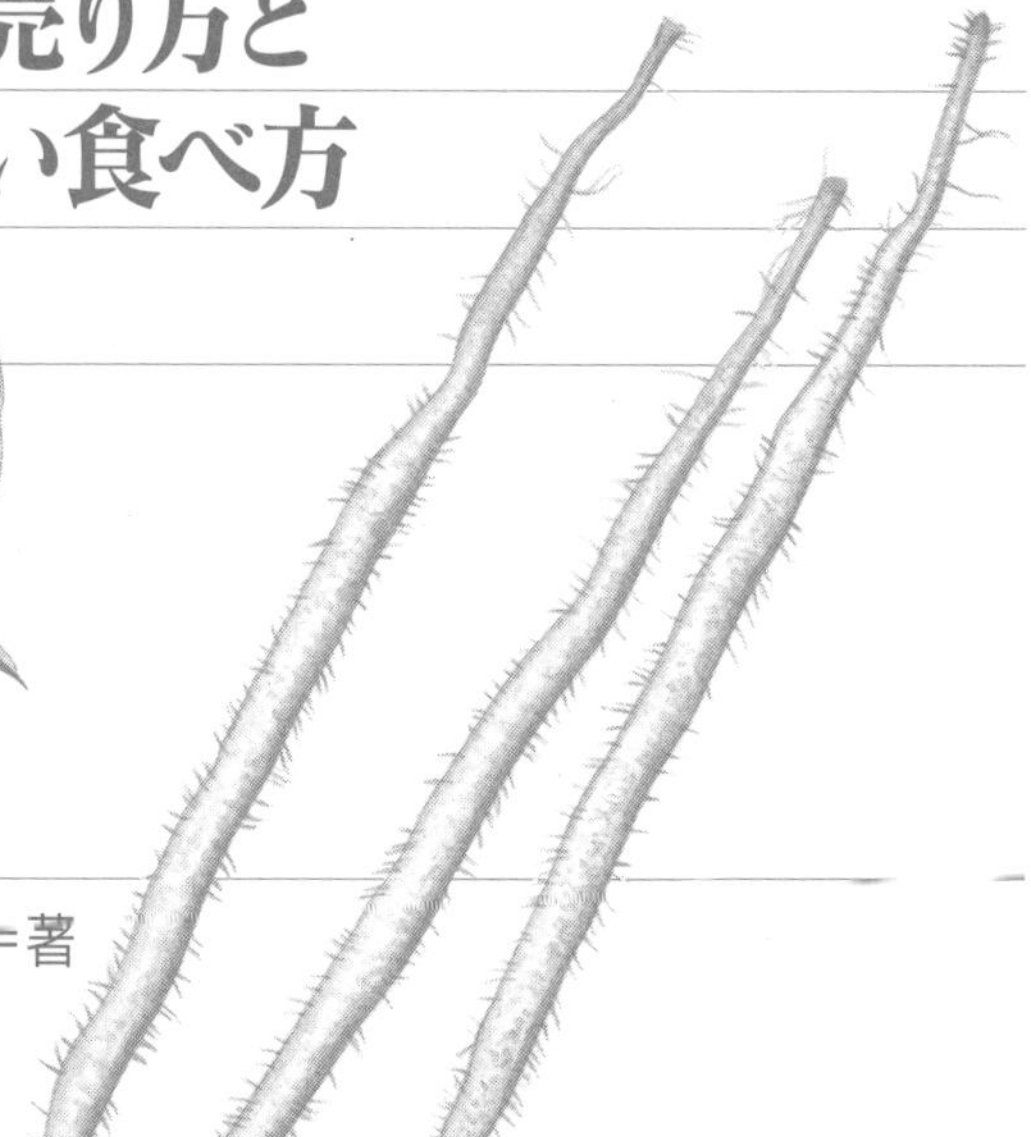

飯田孝則＝著

農文協

はじめに

ジネンジョの研究会で話をする機会がときどきある。参加者の平均年齢は六〇歳を超えている。しかし、こうした会でいつも驚かされるのは、生産者の真剣な眼差しである。八〇歳を過ぎた生産者でも、堂々と自分の考えを述べ、質問を投げかけてくる。そして、「作るのが好き」、「親類、友人に贈っておいしかったと喜んでもらえるのが生き甲斐」、「とろろ飯を食べるのが好き」、「そのうえ、農業収入につながるので申し分ない」、「体の動く限り栽培を続けていきたい」などの声を耳にする。ジネンジョ生産者はまさに生涯現役である。これだけの魅力がジネンジョ栽培にはある。

ジネンジョ栽培は、政田敏雄氏が開発したパイプの栽培容器によって、ネコブセンチュウや褐色腐敗病を防ぎ、掘り取りなどの作業が軽量化され、誰でも簡単にできるようになった。しかしその後、栽培を経るにしたがい、欠株の発生やイモの肥大不良という、新しい課題が生まれた。原因はヤマノイモモザイクウイルスにある。イモの外観には問題がないにもかかわらず、いくつかに分割して種イモに用いると、すべての株の葉にモザイク症状が現われ、ツルの草勢が低下し、イモの肥大が悪くなるのである。ウイルス病を抑える薬剤はなく、根本的な対策はウイルスフリー株から養成したウイルスフリーの一年生イモを種イモに使う方法しかない。しかし、この方法の詳しい実際については生産者のあいだに十分に普及されておれず、収穫イモを使い回しているのが現状である。

ウイルスフリー化の試験研究を通じてジネンジョに携わるようになってから、農業改良普及センターで栽培指導していた時期を含め、一〇年あまりとなる。それまでに蓄積してきた、さまざまな現場での経験や試験成果をまとめ、お世話になった生産者にお返ししなければと、本書の執筆を思いたった。

本書は、ウイルスフリーの種イモ生産を中心に、ほ場の準備から収穫・販売までの実際を詳しく紹介し、高品質イモの安定生産に向けて役立ててもらいたいという思いで執筆したものである。とくに、栽培を始めたいとか、現在は趣味程度であるが定年後には本格的に栽培したいなどの問い合わせや相談を最近多く受けるようになったが、これらの方々にも参考になるよう念頭においた。私の意図するところがどこまで書けたか不安であるが、多くの生産者や導入を考えている方々に参考になれば幸いである。

本書の原稿を書き進めるにあたり、山間農業研究所の方々や、家族から大きな支えを受けた。また、農文協書籍編集部の皆さんにも労をとらせた。この機会を借りて、深く感謝申し上げる。

二〇〇一年二月

飯田　孝則

目次

はじめに　1

第1章　ジネンジョの魅力

1、一度食べたら忘れられない山里の味　12

(1) 粘りと香りがジネンジョの命　12
(2) 滋養強壮の健康食品　12
(3) とろろやムカゴ料理など調理も多彩　14
(4) 栽培したもののほうが品質がよく、調理しやすい　16

2、山間地の活性化に最適の素材　18

(1) 専業から高齢者まで広く取り組める —高齢者・女性にピッタリの作物—　18
(2) 直売や宅配、契約など販売方法も多様　19
①お歳暮時期の贈答用宅配　20
②農協祭り、産業祭りなどのイベントでの直売　21
③農産物直売所、道の駅などでの販売　21
④飲食店、旅館、民宿などへの食材としての販売　22
(3) 供給不足で高値販売が期待できる　22
(4) 山間地から平坦地まで栽培可能　22

3、ジネンジョとはどんな植物か　23

(1) ジネンジョとヤマイモは違う —ヤマイモ、ヤマノイモなど呼称の混乱も—　23

(2) ジネンジョの生態 24
①形状と生育 24
②野生種は毎年更新しながら肥大 28
(3) 自生地と栽培適地 29
①本州から九州まで山野に広く分布 29
②栽培容器を使えば土壌は選ばない 29
③平坦地では夏の高温・乾燥に注意 30

第2章 ジネンジョ栽培のポイント

1、栽培の現状と新しい課題 32
(1) 栽培容器の利用で病害虫対策と省力化を実現 32
①センチュウ、褐色腐敗病を克服 33
②掘り取り作業の軽量化を実現 33
(2) ウイルス病による発育不良が課題 33
①外観から判別できない感染イモ 34
②感染したら抜き取る以外には根本的な手立てはない 35
③根本的な解決はウイルスフリー種イモの確保 36
(3) 高品質生産に必須の優良系統の利用 37
(4) 対面販売で付加価値が高まる半自然栽培 37
2、ウイルスフリー種イモの繁殖と確保 40
(1) 各種繁殖法とウイルスフリー化の課題 40
①種イモの繁殖方法 40
②ウイルス病蔓延が心配な切りイモ種繁殖 41

③ウイルス病対策に必須な一年イモ種繁殖　41
④効率生産が望めない種子繁殖　42
(2) ウイルスフリー株の養成　43
①組織培養でウイルスフリー株を育成　43
②培養株でムカゴを増殖　43
③ムカゴから一年イモ種を養成　46
(3) 種イモ更新が毎年できない場合の対策　47
①毎年更新が理想だが二～三年は有効　47
②アブラムシの定期防除でウイルス病感染を防ぐ　48
(4) ウイルスフリー種イモの入手方法　48
①愛知県の増殖・供給態勢　48
②市販種イモの購入　48

3、栽培容器利用のポイント　50
(1) 栽培容器は特性を知って選択を　50
(2) 広く使われているクレバーパイプ　51
(3) 栽培本数を増やせる二連式パイプ　52
(4) 円形に近いイモがとれる「おふくろ」　53
(5) まっすぐなイモがとれる波板　54
(6) ビニールダクト利用の波板の改良方式　55

4、ジネンジョ栽培の経営収支と労働時間　56
(1) 一〇アール当たりの所得は一五〇万円　56

(2) 定植準備と収穫が労働時間の大半を占める 57

第3章 ジネンジョ栽培の実際

1、ジネンジョ栽培の概要 60

(1) 栽培の特徴 60
(2) ジネンジョ栽培に必要な各種資材 61
①種イモの質が作柄を左右する 61
②初心者はクレバーパイプがおすすめ 62
③肥料は九月の肥大期に効かす 62
④茎葉の誘引はネットで省力的に 63

2、ムカゴからの種イモ（一年種イモ）養成 63

(1) ウイルスフリー・ムカゴの入手 64
(2) ムカゴの貯蔵方法 66
(3) ムカゴからの種イモ養成のポイント 66
①収穫イモ栽培との違い 66
②ムカゴの大小と一年イモの肥大は無関係 67
③株間四センチで十分肥大できる 68
(4) ムカゴからの種イモ養成の実際 69
①網室は栽培ほ場から一〇〇メートル以上離して設置 69
②ムカゴの植え付けは四月中下旬 70
③緩効性肥料を中心に施用 70
④植え付け後の管理 71
⑤防除は予防重視で先手を打つ 72
⑥ムカゴの採取で肥大を促進 72

(5) 年内に試し掘り、収穫は三月に　72
3、ジネンジョ栽培の実際
—クレバーパイプを用いた栽培—　73
(1) 適地の選択とほ場整備　74
①日当たりと排水性がよい場所を選ぶ　74
②排水性の改善と土づくりで連作可能　75
(2) 植え溝掘りとうねづくり　76
①溝は傾斜に沿って掘る　76
②転作田では排水対策を完璧に　76
(3) パイプへの土詰めと埋め込み　78
①赤土は粒子の細かいものを　78
②土の量は適度な圧迫が加わる程度に　79
③パイプ溝掘りとパイプの埋め込み方　79
(4) 種イモの準備と定植　82
①一年イモ種と切りイモ種の準備　82
②催芽方法
—イネの育苗器を使うと簡単—　83
③遅霜の恐れがなくなってから定植　86
(5) 本格的なマルチは梅雨明け前後から　91
(6) ツルの誘引方法　92
①高く誘引してもイモの肥大に結びつかない　92
②ネット誘引は設置も楽で風にも強い　93
③アーチ状フレームなら二うね同時に設置できる　94
④竹の合掌組みは風に弱く手間もかかる　94

(7) 施肥管理 95
①一〇アール当たり窒素二五～三〇キロが目安 95
②ロング肥料で全量元肥施用 97
③化成肥料なら元肥＋追肥で 97
④全量有機質肥料は値段が問題 98
(8) その他の栽培のポイント 98
①ムカゴを取るとイモの肥大が良好に 98
②ウイルスフリーの種イモの肥大性を活かす 99
(9) 病害虫防除の要点 101
(10) 収穫期間は十一月中下旬から三月まで 101
4、病害虫防除と獣害対策 103
(1) ウイルス病 103
(2) 炭そ病 104
(3) 葉渋病 105
(4) 褐色腐敗病 106
(5) 青かび病 107
(6) ネコブセンチュウ 107
(7) アブラムシ 108
(8) ハダニ 109
(9) ヤマノイモハムシ 110
(10) ヤマノイモコガ 110
(11) コガネムシ類 111
(12) イノシシ 112
5、生理障害 113
(1) 高温・乾燥害 113
①症状／②対策

(2) 湿害 115
①症状／②対策

第4章 ジネンジョの上手な売り方とおいしい食べ方

1、販売方法 118
(1) 荷づくりは乾燥や外観に注意 118
(2) 直売所などの対面販売は外観が決め手 118
(3) 宅配便の活用でリピーターを獲得 120
2、貯蔵方法 121
(1) 春までほ場内で保存できる 121
(2) 低温で長期貯蔵もできる 122
①短期の簡易な貯蔵のための留意点と方法 122
②長期の貯蔵のための留意点と方法 123
(3) 自家用なら簡易貯蔵 124
3、各種ジネンジョ料理 125
(1) とろろ料理いろいろ 126
(2) ムカゴの食べ方 129
(3) 薬用、強壮効果 131

付録

1、ジネンジョ栽培暦 132
2、種イモおよび資材の入手先 135
3、ジネンジョ料理専門店案内 135

第1章　ジネンジョの魅力

1、一度食べたら忘れられない山里の味

(1) 粘りと香りがジネンジョの命

ジネンジョは粘りが非常に強く、初めて調理した人はその粘りに驚いてしまう。粘りは、下ろし金やすり鉢に刻まれた溝ですり下ろすと団子状になり、箸でつまみ上げられるほどである（図1—1）。ヤマノイモ類のなかでも伊勢イモや丹波ツクネイモのような球形のイモも同様の強い粘りがあるが、食料品店でよく目にするナガイモやヤマトイモは、すり下ろしたとたんに流れて平らになってしまう。粘りは、粘度計で測定するとナガイモの四～五倍もの強さがある。また、ジネンジョには、土の香りと甘い香りが入り交ざった特有の風味があり、温かい麦飯の上にとろろ汁をかけると、この風味が食欲を刺激する。この強い粘りと特有の風味が珍重される理由である。

(2) 滋養強壮の健康食品

薬草などについて書かれた『神農本草経』に、ジネンジョの効用について「虚弱体質ヲ補ヒテ精力

図1－1　ジネンジョの粘り
箸で持ち上がるほどの強い粘りがある

表1－1　ジネンジョとナガイモ類の内容成分（可食部100g当たり）

食品名	エネルギー (kcal)	水分 (g)	タンパク質 (g)	脂質 (g)	炭水化物 (g)	カルシウム (mg)	鉄 (mg)	ビタミンB_1 (mg)	ビタミンB_2 (mg)	ビタミンC	葉酸 (μg)
ジネンジョ	121	68.8	2.8	0.7	26.7	10	0.8	0.11	0.04	15	29
イチョウイモ	108	71.1	4.5	0.5	22.6	12	0.6	0.15	0.05	7	13
ナガイモ	65	82.6	2.2	0.3	13.9	17	0.4	0.1	0.02	6	8

（『五訂　日本食品標準成分表』より）

ヲツケル、胃腸ノ調子ヲ良クシ、耳、目モ良クシ、暑サ寒サニ耐エ、長寿ヲ保ツコトガデキル」とある。ジネンジョはおいしいばかりでなく、滋養強壮の効果の優れた健康食品でもある（表1—1）。また、デンプンの消化酵素であるアミラーゼが多く含まれ消化吸収がよい。地方によっては「三日とろろ」といって一月三日にとろろ飯を食べる風習があるが、正月のおせち料理やお酒などで弱った胃を回復させるのに役立ち、理にかなった風習である。

私事だが、妻が母乳を与えている頃、夕食にとろろ飯を食べたところ、しばらくして乳が張って痛がったほどである。ジネンジョの栄養価の高さと消化吸収のよさに驚かされた。母乳の出が悪く困っている方にはぜひお勧めしたい。

(3) とろろやムカゴ料理など調理も多彩

ジネンジョの料理はなんといってもすり下ろして、だし汁でのばして「とろろ汁」にし（そのまま食べてもおいしいが）、これを温かい麦飯にかけて食べる「とろろ飯」がもっとも一般的な調理方法である。他にもさまざまな調理方法がある。磯辺揚げや蒲焼きにしたり、すまし汁に落として食べたり、その強い粘りをいろいろな料理に活かせる。今ではとろろを入れた「ジネンジョとうふ」まで開発されている。家庭でもいろいろ工夫してみるのもよい（図1—2）。

図1―2　ジネンジョの漬物加工品
首の部分や折れたイモなどを漬物に加工してもおいしい

図1―3　ムカゴの味噌漬け
おいしく，健康食品としても好評

秋になるとツルにたくさん着生する「ムカゴ」も食べられる。ご飯と一緒に炊き込んでムカゴご飯にしたり、ゆでたり、フライにして少し塩を振ってお酒のつまみにしたり、と工夫次第でさまざまな食べ方がある（図1―3）。

ナガイモと異なりイモの表皮はむかず、ひげ根を焼くだけで調理できる。このためムダがなく、収穫イモからムカゴまで余すことなくおいしく食べられる。

(4) 栽培したもののほうが品質がよく、調理しやすい

主に中山間地域で栽培されており、地域の土産物店や農産物直売所などで、秋から冬にかけて販売されている。こうした店先に来るお客さんは、山から掘ってきた天然ものか、畑で栽培されたものかということをよく聞かれる。天然ものは粘りも強くておいしく、栽培ものはおいしくないと考えられているようだが、これは大きな間違いである。天然ものと栽培もののそれぞれの特徴を整理してみると次のようになる。

〈山掘りの天然もの〉

○粘りの強いものもあれば弱いものもあり、バラツキが大きい。

○アクが強くて、すり下ろし後の変色の激しいものが多い。

○一般に枝分かれや小石や土をかんでいるイモが多く、調理がしにくい（図1―4）。

〈栽培もの〉

○産地でよい系統を選抜して栽培しているので、粘りは強く、二〜三本まとめて購入しても品質がよくそろっている。

○一般にアクが少なく、すり下ろしたときの変色がない。
○栽培容器を用いるため、イモの形はまっすぐで枝分かれが少なく、調理がしやすい（図1―4）。

ジネンジョは、自生しているものを採取し栽培化する過程で、品質や形状が優れたものが選ばれ、これが広がって現在、各地域で栽培されている。これに対し、山から掘ってくる天然ものは野生のため玉石混淆である。無作為に山から掘ったイモが、選抜されて栽培されている優良なイモより優れているということはない。

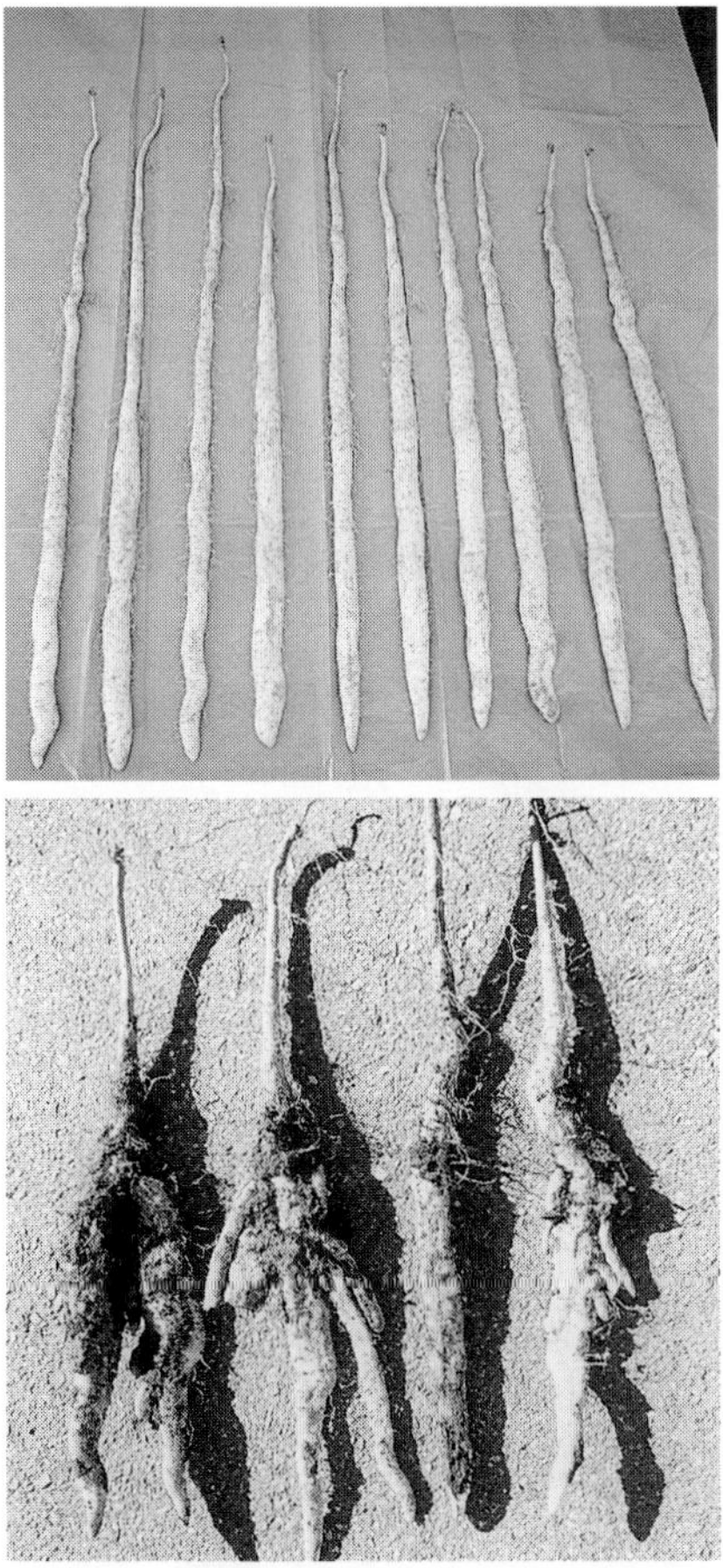

図1―4　栽培もの（上）と，天然もの（下）

栽培ものは栽培容器（パイプ）を使用しているため形状が整い，調理しやすい。山掘りの天然ものは分岐が多く，調理しにくい

ときどき、「山掘りの天然ジネンジョ」と称し売られているのを見かけたり、近年のアウトドア・ブームで都会の人が山でジネンジョを掘ってきたという話を聞くが、本当に山から採ってきたものであれば、山を穴ぼこだらけにしているわけで自然環境の破壊にもつながる。また山の所有者の了解も得ずに掘ることが多く、トラブルのもとになる。

こうしたことからもジネンジョは栽培化が大前提となる。

2、山間地の活性化に最適の素材

(1) 専業から高齢者まで広く取り組める——高齢者・女性にピッタリの作物——

どの産地も高齢者が栽培の主体となっている。定年退職後の六〇歳代の栽培者がもっとも多く、七〇～八〇代になっても元気に栽培を続けている生産者も大勢いる。また、栽培研究会などに行くと、女性生産者が何人か出席していることも少なくない（図1—5）。ジネンジョ栽培は掘り取り作業など重労働のように見えるが、栽培容器を使うことで高齢者、女性の体力で十分栽培できる。むしろ高齢者や女性生産者のきめこまやかな栽培管理が上手につくる秘訣でもある。

図1―5　栽培研究会
高齢者が中心だが，女性の姿も見られる

まず、他の作物と異なり定植や収穫の適期幅が広く、労働の大きなピークがない。このため、労力的にも高齢者、女性が栽培できる作物である。

さらにきわめて少数だが、大面積を栽培する専業農家も成立している。市場流通のない作物を専業として生計を立てるのは大変なことだが、ジネンジョ料理の専門店と契約したり、贈答用の顧客を大勢つかめば可能である。一〇アール当たり二五〇～三〇〇万円の粗収益が見込めるので、今後、若い生産者が専業をめざすことも可能だと思われる。

(2) 直売や宅配、契約など販売方法も多様

販売形態は他の農産物と異なり、市場出荷はほとんどない。このため、生産者が、農産物直売所で対面販売したり、贈答用に宅配便で販売したり、近くの飲食店、旅館、民宿などと契約して販売するなど、工夫が必要である。産地の

図1—6　販売と同時に，とろろ飯の試食会も行なう
ナガイモやヤマトイモとの違いを納得してもらうには，とろろ飯を食べてもらうのが一番

規模が大きくなると、農協が集荷し、このような販売を大規模に行なっている。直接販売が基本になるので、新聞やテレビなどに季節の話題としてジネンジョ栽培を広く都会の人たちに紹介してもらったり、インターネットなどを利用して消費者に直接働きかけるようにしたい（図1—6）。

主な販売方法を整理すると次のようになる。

①お歳暮時期の贈答用宅配

五〇アール程度以上の栽培規模のある産地ではこの方法での販売量がもっとも多い。一度購入した後に翌年もまた購入するような固定客の割合が多く、毎年一定量が確実に販売できる。

図1—7 農協グリーンセンターでの直売
右から裸のイモ，山のイメージを出すためにワラつとで包んだイモ，節を抜いた竹に納めたイモを並べて，付加価値を出す

②農協祭り、産業祭りなどのイベントでの直売

産地規模の大小にかかわらず、秋から冬にかけて地域の農協祭りや産業祭りなどのイベントで、ジネンジョが販売されている。生産者が食べ方などを説明しながら販売すると消費者にも好評でよく売れるとともに、地域の特産品のアピールにもなっている。

③農産物直売所、道の駅などでの販売

栽培規模が小さかったり、生産組織に入らず個人で栽培している生産者には適した売り方である。また、イモの形や大きさに少々バラツキがあっても、それに応じた価格設定をすれば、よく売れる（図1—7）。

④飲食店、旅館、民宿などへの食材としての販売

生産量の多い産地では、飲食店、旅館、民宿などへ食材としてジネンジョを販売している。ジネンジョ料理の専門店などへ周年販売するためには冷蔵施設が必要である。ただ、方法によっては貯蔵中にイモが腐るなどのリスクもあるが、産地の規模が大きくなるにしたがいこうした販売方法も検討する必要が出てくる。

(3) 供給不足で高値販売が期待できる

秋から冬にかけての季節商品としての販売が主になっているが、ナガイモやヤマトイモがスーパーの店先に周年並んでいるように、ジネンジョも一年を通して需要があると思われる。残念ながらそれに応えるだけの供給がないのが現状である。このため、今後生産量が増えても、生産者が値段を決められる売り手市場の現状は変わらないといえる。

(4) 山間地から平坦地まで栽培可能

ジネンジョは、丘陵地帯から山間地域にかけての畑で栽培化が進んだが、畑といっても元をたどれば雑木林だったところを開墾したものである。これは自生地にもっとも環境が近いところである。そ

の後、稲作の生産調整が始まるとともに、水はけのよい水田でも転作作物の一つとして栽培が広がった。また、平坦地でもナガイモなどの栽培経験のある農家に広がった。

これまでに開発されてきた栽培技術や資材を用いれば、自生地に近い生育条件の適したところから平坦部まで、幅広く栽培ができる。

3、ジネンジョとはどんな植物か

(1) ジネンジョとヤマイモは違う
―ヤマイモ、ヤマノイモなど呼称の混乱も―

一般には、ナガイモ、イチョウイモ、イセイモ、ジネンジョなどすべてを「ヤマイモ」または「ヤマノイモ」と呼ぶことが多いが、「ヤマノイモ」は植物分類上では山野に自生しているジネンジョのことをさす。このように、野菜としての通称名と植物学上の名称が混用されている。ナガイモ類との区別を明確にするため、ヤマノイモという植物学上の名称である種名は使わず、通称名であるジネンジョを使うようにしたい。ナガイモ類とジネンジョは染色体数がそれぞれ一四〇と四〇で「種」が異なる。「ナガイモ類とジネンジョを近くで栽培すると交配して、ジネンジョの粘りがなくなるのでは」

表1－2　ヤマノイモとナガイモ

種　名（染色体数）	通　称　名
ヤマノイモ種（2n＝40）	ジネンジョ，ヤマイモ
ナガイモ種（2n＝140）	
ナガイモ群	ナガイモ，トックリイモ
イチョウイモ群	イチョウ（銀杏）イモ，仏掌イモ，ヤマト（大和）イモ
ツクネイモ群	イセ（伊勢）イモ，丹波ツクネイモ

という質問を生産者からされるが、「種」が違うので、自然交配はしない（表1―2）。

(2)　ジネンジョの生態

①形状と生育

ジネンジョの姿は図1―8を参照されたいが、部位ごとに形状と生育を述べたい。

イモ　ジネンジョのイモは、サツマイモのように根が肥大したものではなく、茎が肥大したものである。イモは植物学的には塊茎といわれるものである。イモは毎年少しずつ肥大していくのではなく、一年ごとに新しいイモへと更新していく。長さは栽培条件や品種によっても異なるが、短いイモで五〇センチくらいのものから長いイモでは一四〇センチほどにもなる（図1―9）。いずれにしてもナガイモやヤマトイモに比べ、長く、粘りの強いのが特徴である。

茎　茎はツル性である。このため、栽培には、ツルの誘引が必要になる。

ツルは生育条件がよければ一五メートルくらい伸びる。巻き性は右巻きで、太さは三ミリほどだが、これも品種によって違いがある。太いものツルは主枝が強く側枝（子ヅル、孫ヅル）の発生が少なく、逆に細いツルは側枝の発生が多くなる。

葉　基本的にはハートの形をしているが、肩が張って短かったり、逆に細長かったりと、品種や系

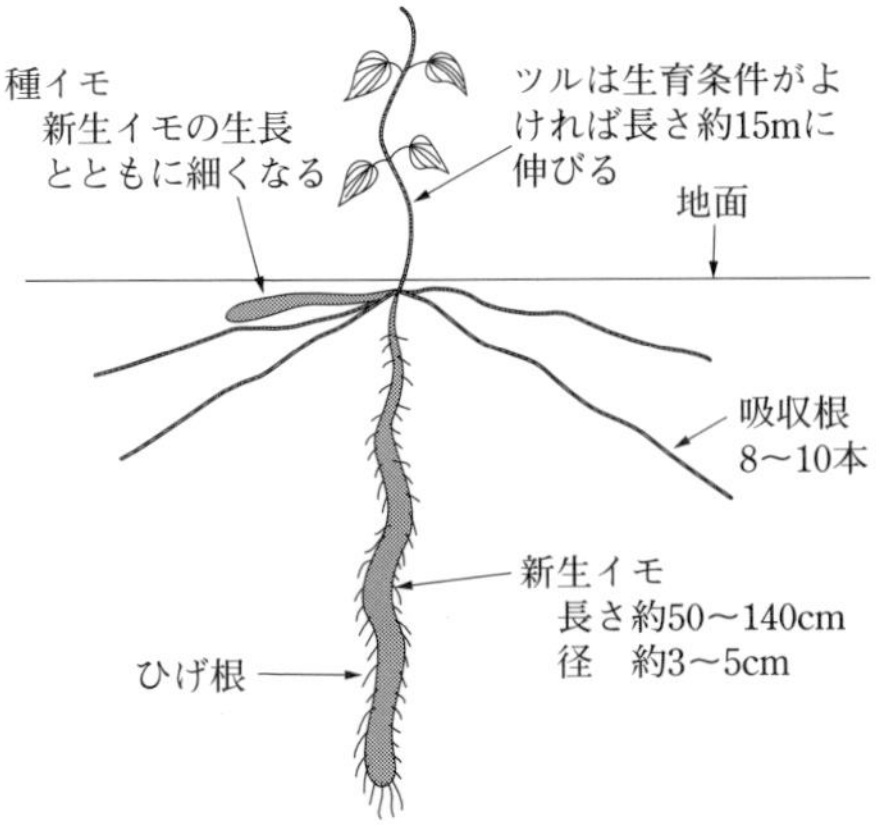

図1−8　ジネンジョの各部の名称

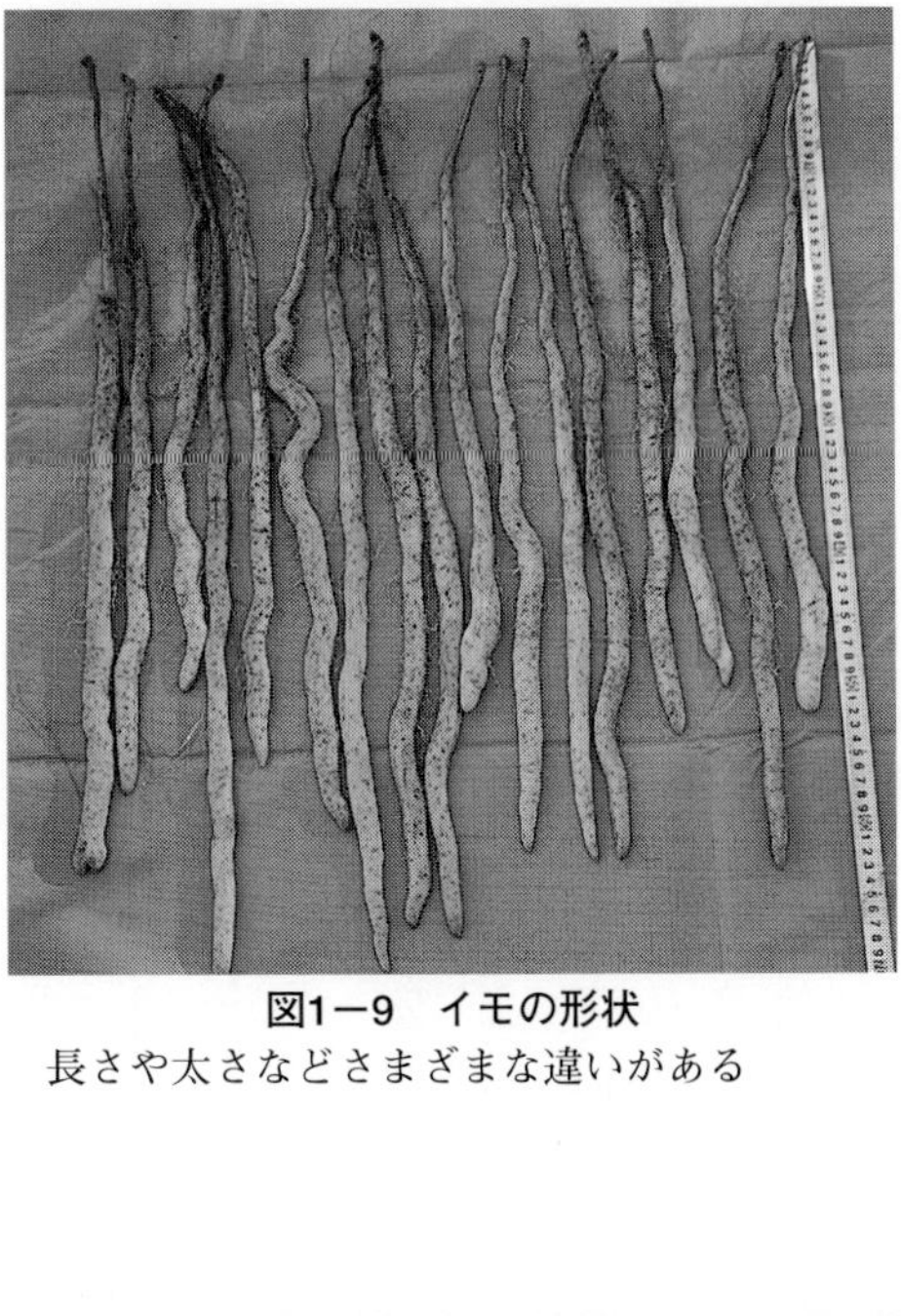

図1−9　イモの形状
長さや太さなどさまざまな違いがある

図1—10　葉腋に着生したムカゴ
小粒だが黒っぽくて光沢がある

統によってさまざまな違いがある。葉の形から粘りが強いとか弱いとかよく言われるが、実際には葉の形と粘りの強さとには関係がないようである。

ムカゴ　秋になると葉腋にたくさん着生する。これは腋芽が短日と低温によって形態が変化してできたものである。イモと同じ貯蔵器官のため食べることができる。大きさは品種によって異なるが、〇・三〜一グラム程度のものが多い（図1—10）。

根　茎の下端から太い根が八〜一〇本伸張する。この根が養分や、水分の吸収をする吸収根と呼ばれるもので、地表近くを広がるように伸張する。イモから生ずるひげ根は養分の吸収にはあまり働いていないが、水分の吸収には少し働いている。

花　ジネンジョは雌雄異株である。イモの形や葉の形などでは雌雄の見分けができず、開花期にな

図1—11　雄花（左）と雌花（右）

図1—12　雌株に着生した果実（ガラガラ）
丸みを帯びたうちわ形で中央部に種子がある

ってわかる。雌花は花房が下垂し、雄花は上向きに形成され、七月中旬から八月中旬頃に開花する(図1—11)。小さな花が房状になって着生する。雌花が受精すると種子が形成され「ハナタカメン」とか「ガラガラ」と呼ばれる果実ができる。一つのガラガラには六個の種子が形成される(図1—12)。

②野生種は毎年更新しながら肥大

秋、雑木林のなかを歩くと木の枝に絡みついたジネンジョのツルを見つけることがある。ツルにムカゴがぶら下がり、葉は黄色く色づき、里山の秋の風景を形づくっている。よく観察するとガラガラがついている株がある。このなかには種子ができており、木枯らしが吹く頃になると風にとばされて地面に落ちる。落ち葉のなかで虫などに食べられずうまく冬越しできれば、春に芽を出す。この株が無事に生育すれば、一年で数グラムほどのイモができる。次の年には、これが種イモとなって新たに少し大きなイモに更新される。毎年更新を繰り返しながら、数年後には立派なイモができる。自然の野山では太古の昔から繰り返されてきたジネンジョの営みである。

(3)　自生地と栽培適地

①本州から九州まで山野に広く分布

東北地方南部から四国、九州南部にかけての雑木林やその周辺部に広く自生する。このことからも栽培に適する地域はかなり広いといえる。自生株は傾斜のあるところに多く、雨水や湧き水が滞留するようなジクジクしたところにはない。逆に、日が当たり土が一日中乾燥しているようなところにもない。自生地に近い環境をつくり出してやることがジネンジョ栽培を成功させるポイントである。

②栽培容器を使えば土壌は選ばない

落ち葉などが積み重なり、分解されて土と混ざり合い、柔かくて通気性の良い土壌に自生株が多く見られる。

適度な保水性と通気性がある森林土壌のようなところがほ場としてはもっとも適する。こうした条件は吸収根の生育環境として大事だが、赤土を入れた栽培容器を用いるので、ほ場の下層は砂地や粘土でもよく、土壌は選ばない。転作田でも十分に栽培できるが、締まった土壌には堆肥などの有機物をたくさん投入して物理性を改善する必要がある。

③平坦地では夏の高温・乾燥に注意

栽培地は標高の低い平坦地域まで広がりつつある。ほ場の作業性は中山間地域に比べ格段によいが、平坦地域では夏の高温と乾燥が問題となる。茎葉は高温にも強く、気温が昼間に三〇℃を超えるような日が続いても土壌水分さえ確保できていれば枯れたりしおれたりすることはない。一方、吸収根は地温が二五℃を超えるようになると伸長が止まり、養水分の吸収も悪くなり、ひどい場合は根焼けを起こす。夏は、地温が上がり過ぎないような工夫が必要になる。

第2章　ジネンジョ栽培のポイント

1、栽培の現状と新しい課題

(1) 栽培容器の利用で病害虫対策と省力化を実現

昭和五十年代に山口県の政田敏雄氏により栽培容器「クレバーパイプ」が開発され、日本各地にジネンジョ栽培が広がる大きなきっかけとなった。この栽培容器の開発により、ジネンジョの営利栽培がはじめて可能となったといえる。クレバーパイプを用いることにより、掘り取り労力の省力化と各種の土壌病害を回避できるようになり、栽培面積の拡大と作柄の安定につながった。それ以前は、竹を半割にして節を抜いた手づくりの栽培容器や雨樋を使ったり、簡易な栽培のためのさまざまな試みがなされていた。これら手づくりの栽培容器でも自家用程度の小面積の栽培は可能であったが、ジネンジョを多量に生産して販売するという発想がなく、本格的な栽培容器の開発には至らなかった。現在では、パイプが二連になった「イモナール」や袋状の栽培容器である「おふくろ」「ビニールダクト」などいくつかの栽培容器が開発されている。それぞれに長所と短所があり、ほ場の事情に合わせて選びたい。具体的には第3章で説明する。

①センチュウ、褐色腐敗病を克服

クレバーパイプ栽培では毎年パイプ内の用土を更新するため、ヤマトイモやツクネイモの栽培では大きな障害となっている、ネコブセンチュウや褐色腐敗病を防ぐことが可能となった。毎年用土を更新するためには良質な用土（赤土）の確保と労力が必要となるが、今ではジネンジョ栽培の基本技術となっている。

②掘り取り作業の軽量化を実現

クレバーパイプによる栽培が始められる以前は、スコップなどでイモの周囲を深く掘り、傷つけないように細心の注意を払い、掘り取っていた。ナガイモに比べてジネンジョはイモが長いため、大変な労力が必要であった。趣味の栽培ならそれでもよいが、販売目的で多くの本数を栽培するには無理があった。それがクレバーパイプの出現で可能になった。掘り取りはきわめて簡易で、うねを崩してパイプ頭部の開口部（受け皿部分）を土の中から出し、パイプを手前から順次引き抜けばよく、短時間にできるだけでなく、イモを傷つけたり折ったりすることもない。

(2) ウイルス病による発育不良が課題

クレバーパイプの開発に始まる栽培技術の進歩により、営利栽培が成り立つようになったが、栽培の年数を経るにしたがい、種イモに問題が生じるようになった。クレバーパイプと種イモを購入して栽培を始めた産地が、三〜四年と年数を経るにしたがい、イモの肥大が悪くなり始めるのである。原因は、種イモを二年目以降購入せずに、同じほ場からの収穫イモをくり返し（取り返し）利用している間にウイルス病が蔓延したためである。ウイルス病にかかっていない種イモに更新できない産地では、ジネンジョ栽培を断念したところもあり、倉庫の中にうずたかく積まれたクレバーパイプだけが残ったという話も聞いている。

ウイルス病にかかるとイモの肥大が悪くなり、最後には一年かけて栽培しても、種イモと同じくらいのイモしか収穫できなくなる。こうなってからでは手遅れであり、ウイルス病に感染していない種イモの安定的な確保が、ジネンジョ栽培の大きなポイントになっている（図2—1）。

①外観から判別できない感染イモ

ジネンジョのウイルス病はヤマノイモモザイクウイルスの感染によって引き起こされる。ウイルスは、ウイルス病にかかったジネンジョの樹液を吸ったアブラムシが周囲の健全なジネンジョの葉や茎の汁を吸うことによって、次々と感染していく。感染すると葉にモザイク症状が現われる（図2—2）。ひどい場合は、草勢が低下し、ツルは誘引資材に巻きつかず、うねの上を這う状態になる。また、秋の枯れ上がりも早く、イモの肥大はきわめて悪くなる。

しかし、掘り取ったイモからではウイルス病に罹病しているかいないかは判別できない。しかも生育の後期などにウイルス病に感染した場合は、ウイルス病にかかっていないイモと同じように肥大するため、さらに判別をむずかしくしている。イモの外観から大丈夫と判断して、翌年このイモを切りイモ種に用いて栽培すると、すべての株の葉にウイルス症状が現われ、イモの肥大は悪くなる。

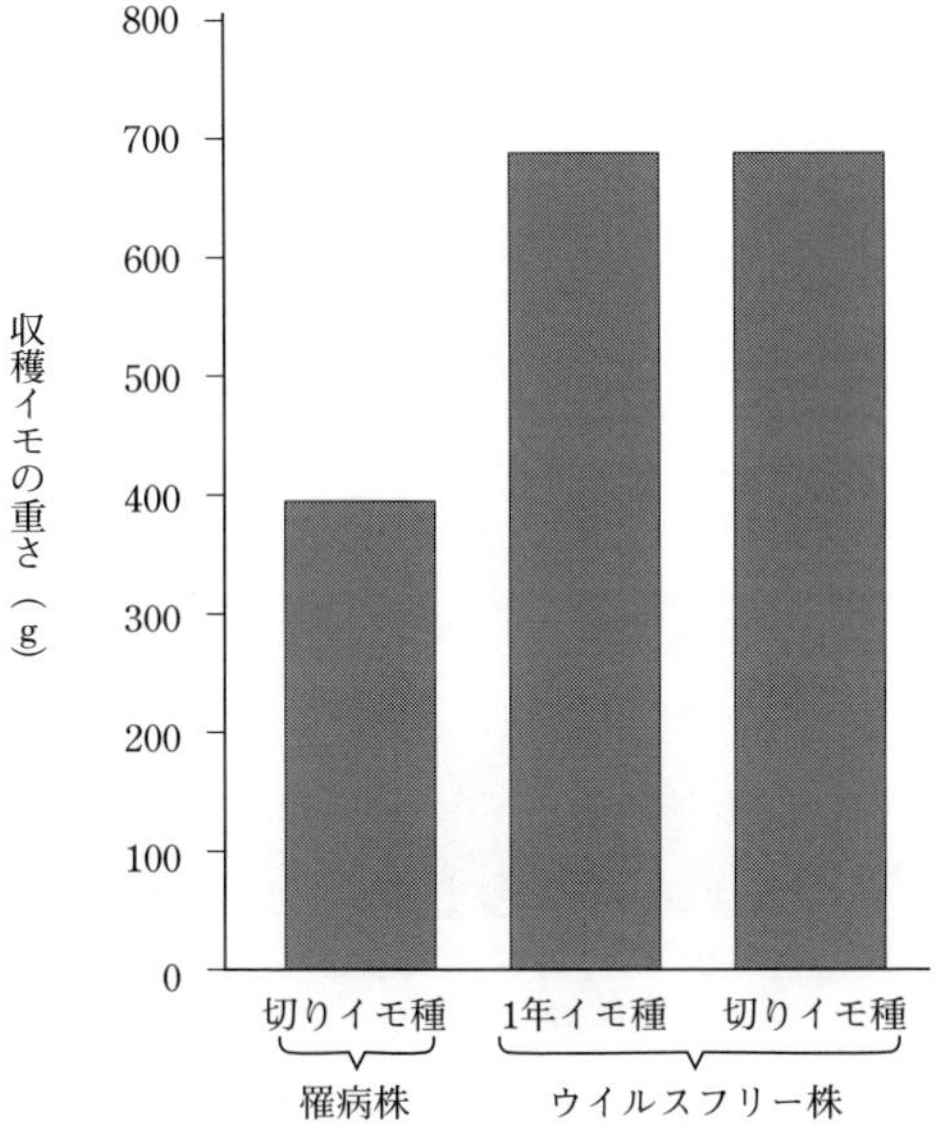

図2—1 ウイルスフリー株と罹病株のイモの重さ

1年イモ種でも切りイモ種でも重さが変わらないのに対して，ウイルスに感染していると60%以下まで落ちる

②感染したら抜き取る以外には根本的な手立てはない

六〜七月の生育初期から葉にモザイク症状が現われ、ツルの伸長が悪い株がみられたら、定植した種イモが前年までにウイルス病に感染していたことになる。ウイルス病は薬剤散布で治すことはできないし、そのままにしておいてもイモの肥大が期待できないばかりか、さらにウイルス病を広げる

図2―2　ウイルス病に感染した株の茎葉
濃緑色と淡緑色のモザイク模様があらわれる

もとになってしまう。種イモごと抜き取ってほ場の外に出す以外に手立てはない。

③根本的な解決はウイルスフリー種イモの確保

ウイルス病に対する根本的な解決策は、ウイルスフリーの種イモを確保することしかない。多くの栄養繁殖性の作物では、露地ほ場で何年も連作するとウイルス病にかかって収量や品質が低下する。対策として、イチゴ、キクなどの栄養繁殖性植物では、試験研究機関や種苗会社が植物の生長点などの組織を無菌条件で培養して、ウイルスフリー株を育成し、その利用を進めている。現在、ヤマノイモ類のなかでは、ナガイモでウイルスフリー株を利用した栽培が体系化されている。ジネンジョでは、愛知県や静岡県、千葉県など一部の県の試験研究機関でウイルスフリー株が育成され、その利用が広がっている。

(3) 高品質生産に必須の優良系統の利用

ウイルスフリー株は罹病株に比べイモの肥大が大きく改善するが、粘りや香りなどの内容品質はウイルスフリー化によっても変わらない。このため、粘りが強く香りの高い内容品質に優れた優良な系統のウイルスフリー株を種イモに用いることで、収量と品質に優れたジネンジョ生産が可能になる。

ジネンジョの生態的な特徴のところでも述べたように、ジネンジョのなかにも系統によってさまざまな違いがある。現在各地で栽培されているジネンジョの葉型とイモの品質を紹介すると、図2—3のとおりである。これらの系統は、生産者の手によって選抜された優良な在来系統か、あるいは他産地からの優良な導入系統である。愛知県、静岡県、千葉県などでは、農業試験場でこうした系統のなかから優良系統を選抜し、ウイルスフリー化されたものが生産者によって栽培されている。

(4) 対面販売で付加価値が高まる半自然栽培

クレバーパイプをはじめとする栽培容器を用いた栽培が現在の主流となっているが、一部にはこうした栽培容器を用いない栽培も行なわれている。土産物店などでの対面販売では、天然の山掘りジネンジョらしい、多少曲がりくねった形のイモに人気がある。こうした外観を重要視した栽培方法に半

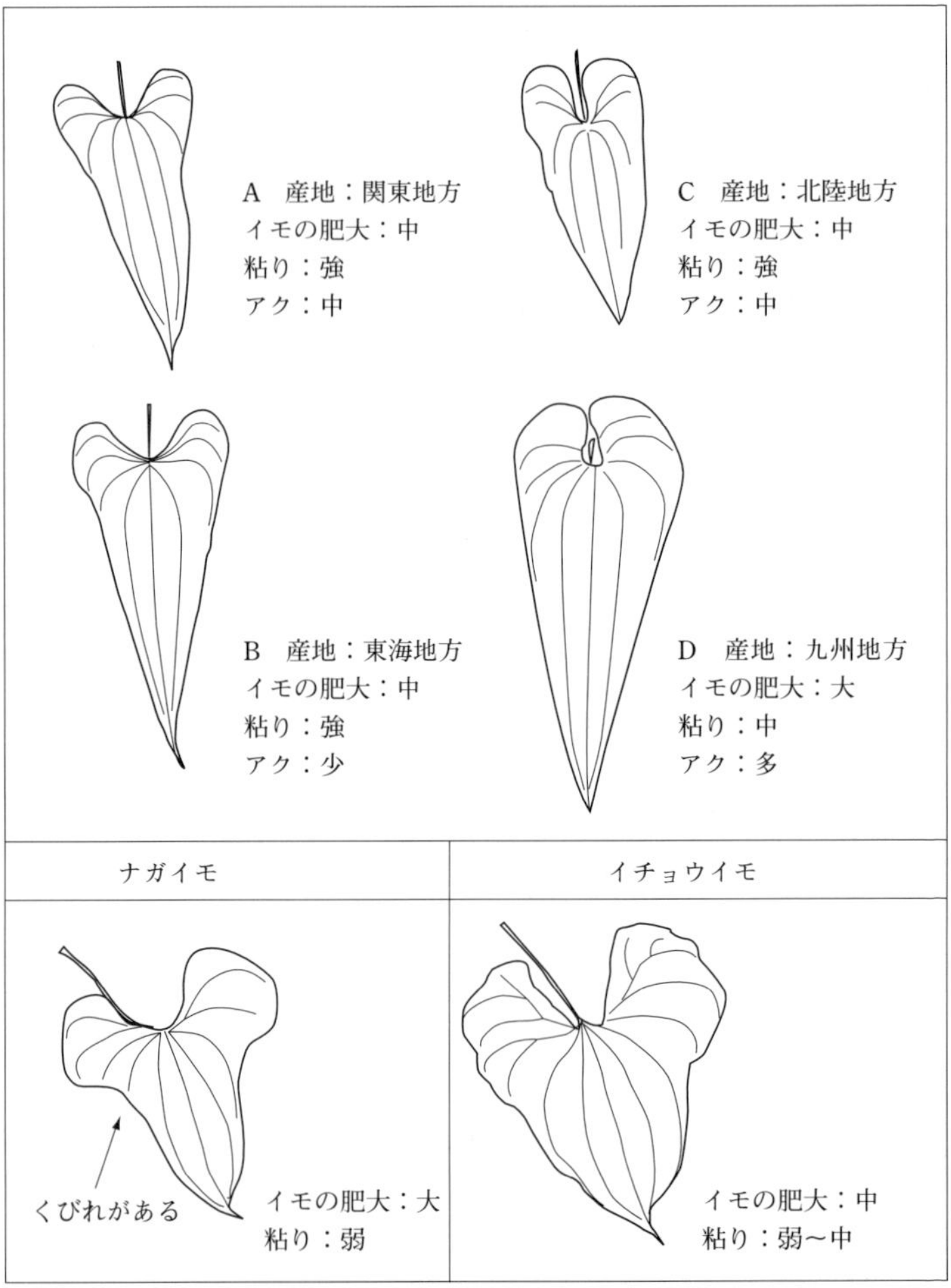

図2—3　各地で栽培されているジネンジョの葉型（A〜D）

宅配などで，ナガイモやイチョウイモが混入していてトラブルとなることがあるが，葉型も違うのでよく観察して，混入に注意したい

自然栽培がある。

栽培方法の概略は、栽培容器を用いず、水はけがよく地下一メートルくらいまで小石などがない土質の軟らかなほ場を選び、種イモを植え付ける。その後の施肥、誘引などの栽培管理はクレバーパイプ栽培と同じである。

掘り取りは、小型のバックホーを用い、うねに沿うように人が入れるような幅五〇センチ、深さ一メートルほどの溝を掘り、イモの周囲の土を崩すようにして取り出す（図2—4）。こうすればイモを折ったり、傷つけたりしない。イモの外観は天然ものと栽培容器を用いた栽培ものとの中間になる（図2—5）。土壌病害などの問題から輪作が必要であるなど、さまざまな条件があるので栽培できる

図2—4 半自然栽培による イモの掘り取り
地中深くまで潜っている

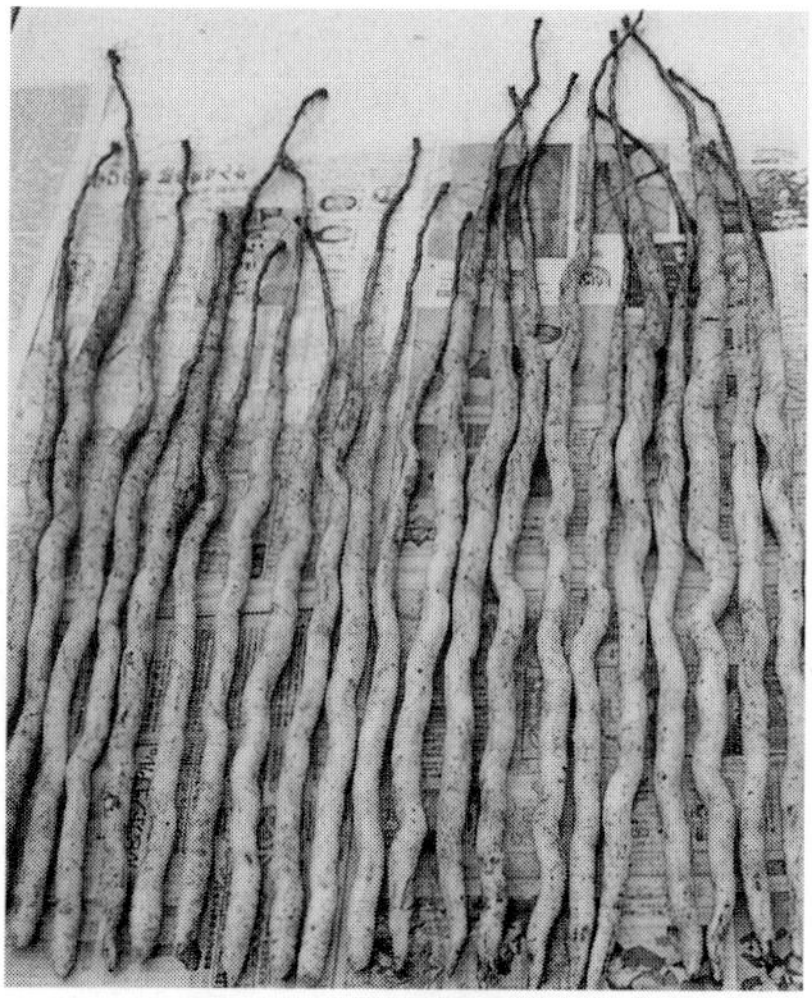

図2—5　半自然栽培のイモ
ジネンジョ特有のくねりが生まれ，対面販売で有利

面積は限られるが、観光地などを控えた産地では、一部導入する価値のある方法である。

2、ウイルスフリー種イモの繁殖と確保

(1) 各種繁殖法とウイルスフリー化の課題

①種イモの繁殖方法

種イモの繁殖方法は二種類ある。一つの方法は収穫された成品のイモを翌春まで貯蔵し、これを切って種イモ（切りイモ種）として用いる方法で、栽培が開始された頃からこの方法で栽培されてきた。もう一つの方法は、ムカゴを一年間ほ場で栽培し、得られたイモを種イモ（一年イモ種）として用いる方法である。そのほかに、営利栽培ではほとんど利用されないが、種子からの種イモ増殖も可能である（図2—6）。

図2—6　種子からの芽ばえ
発芽率は高いが生育のバラツキが大きい

②ウイルス病蔓延が心配な切りイモ種繁殖

切りイモ種は、販売用のイモ（収穫イモ）を一個六〇～八〇グラム程度の重さに切った種イモである。一本が五〇〇～六〇〇グラムのイモから六～七個の種イモがとれる。販売できるイモを用いるため、栽培本数の五分の一程度を販売せずに残さなければならない。

問題点は、種イモを通じて褐色腐敗病やウイルス病を持ち込みやすく、とくにウイルス病は種イモをくり返し利用するうちにどんどん蔓延し、数年の間に収量が激減することも多いことである。

③ウイルス病対策に必須な一年イモ種繁殖

ムカゴから一年イモを養成するほ場が必要となるが、狭い面積で多くの本数が得られ、本ぽの一〇分の一程度の面積で種イモ本数が確保できる。ウイルスフリー株から採取したムカゴを用いて、専用のほ場（網室がよい）で栽培するので、種イモが土壌病害やウイルス病などに汚染されていることは少ない。春にムカゴを播いて秋に茎葉が枯れ上がる頃にイモが形成されているが、そのまま掘らずにほ場で越冬させ、翌年の三月掘り取る。一本四〇グラム以上の大きさのものを種イモとして用いる。ウイルスフリー株の場合では、種イモの重さの約一〇倍の成品が得られ、切りイモ種に比べ肥大率（成品のイモの重さ／種イモの重さ）がよい。

④効率生産が望めない種子繁殖

ジネンジョは同じく栄養繁殖性の作物であるサトイモやサツマイモなどと違って種子が簡単に得られ、これを播いて種子からの増殖が可能である（図2—6）。ジネンジョのウイルス病は種子伝染しないので、ウイルスフリー株が得られるが、遺伝的には親株とは異なるので、さらによい形質を持つものを選抜、増殖して、種イモに用いなければならず、多くの時間と労力を要する。このため種イモ確保の方法としては推奨できないが、品種育成を目的として、産地全体として取り組み、粘りや収量に優れた系統を選抜できれば、産地独自のブランド品種をつくることも可能である。

(2) ウイルスフリー株の養成

①組織培養でウイルスフリー株を育成

ナガイモやヤマトイモではウイルスフリー株がいくつもの種苗会社から販売されているが、ジネンジョのウイルスフリー株は筆者の知る限りでは、現在二つの種苗会社から販売されている。また、組織培養施設を持った苗増殖業者のなかには、株を持ち込んでウイルスフリー化と増殖を引き受けるところもある。試験研究機関でウイルスフリー株を育成し、増殖、供給事業を実施している県は愛知県をはじめいくつかあるので、県の試験研究機関や近くの農業改良普及センターに問い合わせるとよい。最近では、農業高校に組織培養施設が整備され、ウイルスフリー化の実習をしているので依頼するのも一つの方法である。いずれのところもウイルスフリー株の育成方法はほぼ同じなので、その概要を説明する（図2―7・8）。

②培養株でムカゴを増殖

ウイルス検定でウイルスフリーになっていることが確認されたらウイルスフリー株の育成完了である。この株を網室内に定植し、アブラムシの飛来を防いで、ウイルスの再感染が起こらないよう厳重な栽培管理のもとで増殖する（図2―9）。ポットで育成された小さなウイルスフリー株であっても、

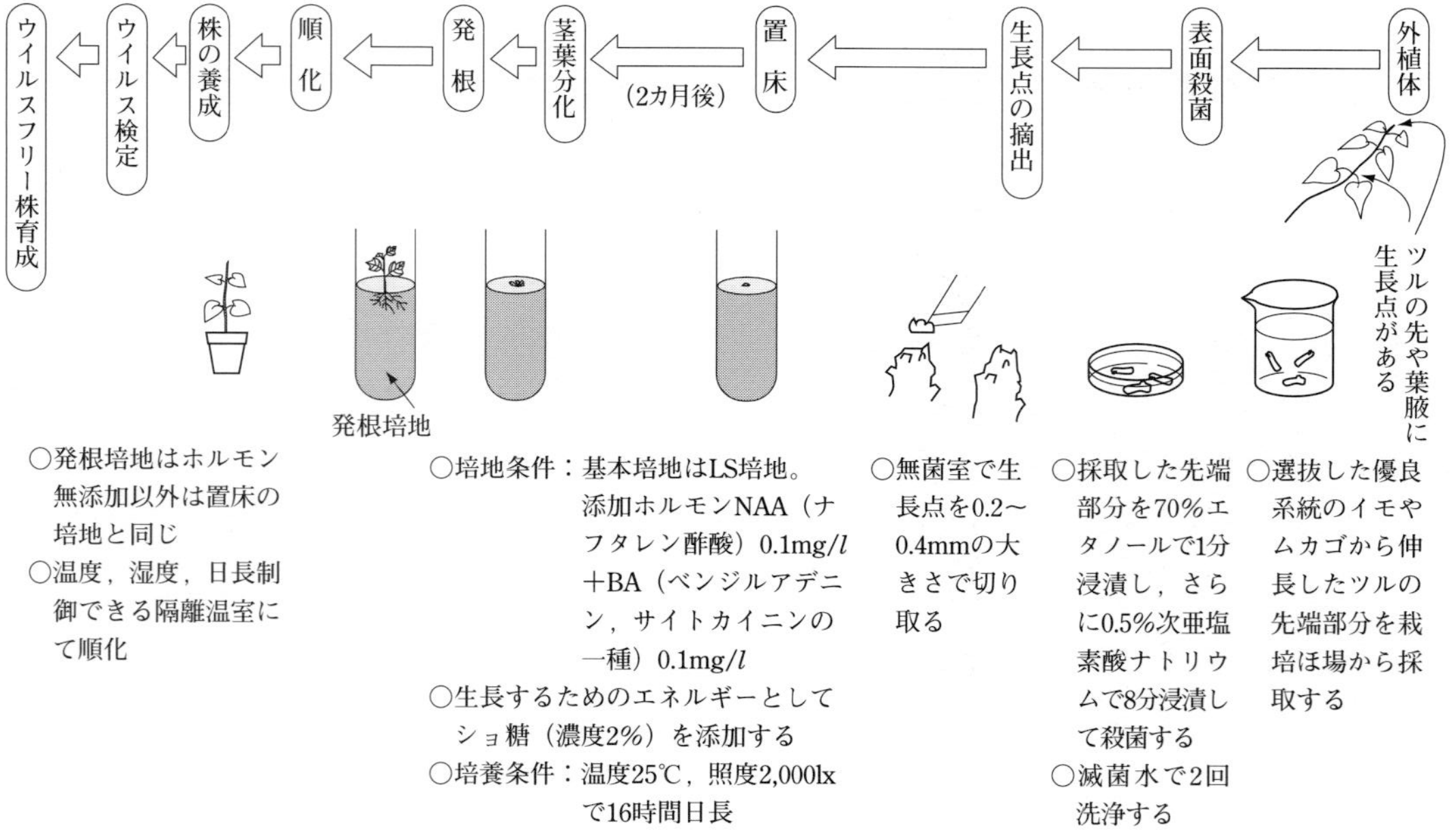
外植体
表面殺菌
生長点の摘出
置床
(2カ月後)
茎葉分化
発根
順化
株の養成
ウイルス検定
ウイルスフリー株育成
ツルの先や葉腋に生長点がある
発根培地
○選抜した優良系統のイモやムカゴから伸長したツルの先端部分を栽培ほ場から採取する
○採取した先端部分を70%エタノールで1分浸漬し，さらに0.5%次亜塩素酸ナトリウムで8分浸漬して殺菌する
○滅菌水で2回洗浄する
○無菌室で生長点を0.2〜0.4mmの大きさで切り取る
○培地条件：基本培地はLS培地。添加ホルモンNAA（ナフタレン酢酸）0.1mg/l＋BA（ベンジルアデニン，サイトカイニンの一種）0.1mg/l
○生長するためのエネルギーとしてショ糖（濃度2%）を添加する
○培養条件：温度25℃，照度2,000lxで16時間日長
○発根培地はホルモン無添加以外は置床の培地と同じ
○温度，湿度，日長制御できる隔離温室にて順化

図2−7　ウイルスフリー化の茎頂培養の手順

適切な肥培管理により旺盛な生育を示し、秋には〇・三グラム以上のムカゴが株当たり一〇〇粒程度得られる。また、地下部には一〇〇グラム前後のイモが得られる。イモは翌年のムカゴ増殖用の種イモとして再度用いる。

図2—8 ジネンジョの組織培養
無菌の培養室で，茎頂（生長点）を茎葉分化と発根とをさせる

図2—9 網室での養成
生育が旺盛で病害虫の発生はまったくみられない

各種ウイルス検定方法

羅病植物の病徴による判別法　ジネンジョでは、ウイルスに感染すると、葉にモザイク症状が現われるので肉眼による判別ができるが、イモでは肥大が悪くなるだけで外観から判別はできない。

汁液接種法　検定植物に接種して、その植物が現わす症状から判定する。ササゲ、アカザなどの植物の葉にウイルス液をこすり付けると特有の病斑があらわれる。しかし、ジネンジョのヤマノイモモザイクウイルスについては適当な検定植物が見つかっていない。

電子顕微鏡観察法　顕微鏡を用いてウイルスを見る。ウイルスは非常に小さく、光学顕微鏡より解像度の高い電子顕微鏡でないと観察できない。試料の調製などに高度な技術が必要で、設備のある研究機関でも簡単には検定を引き受けてくれない。

抗血清診断法　罹病した葉をすりつぶしてウイルスを純化し、これをウサギに注射して抗血清をつくりだす。この抗血清から精製した抗原が示す免疫反応から検定する。しかし、ヤマノイモモザイクウイルスの抗血清を保存している研究機関は数少ない。イモの段階でも抗血清診断法はできるが、粘りが強いため、試料の調整が難しいなどの問題がある。

現場での簡易なウイルス検定法の開発が待たれる。

③ムカゴから一年イモ種を養成

ムカゴからの種イモ養成は、生産部会などで共同ほ場（網室）を設置して行なうことが多いが、規模の大きい生産者が個人で取り組む場合も多い。ムカゴを用いて一年イモを養成するには、ウイルスフリー株からのムカゴ増殖と同様に網室内で行ない、生育中のウイルス再感染の起こらないよう注意をする。

〇・三グラム以上のムカゴを用いれば種イモとして使用できる重さである一本四〇グラム以上の一年イモが得られる（図2—

10)。一本が八〇グラムを超えるような大きな一年イモが得られることもあるが、これは二分割して種イモに使用でき、年によっても異なるが、播種したムカゴとほぼ同数の種イモが得られる。

(3) 種イモ更新が毎年できない場合の対策

①毎年更新が理想だが二〜三年は有効

露地で成品生産したものは全量販売し、ウイルスフリーの種イモに毎年更新するのが、ウイルス病の広がりを防ぐ面からは理想的である。種イモが必要本数だけ得られない場合は、成品のイモを種イモに用いることになるが、ネコブセンチュウや褐色腐敗病に罹病していない、肥大や形状のよいイモを選んで種イモに用いる。成品イモからの種イモの取り返し利用は、茎葉のウ

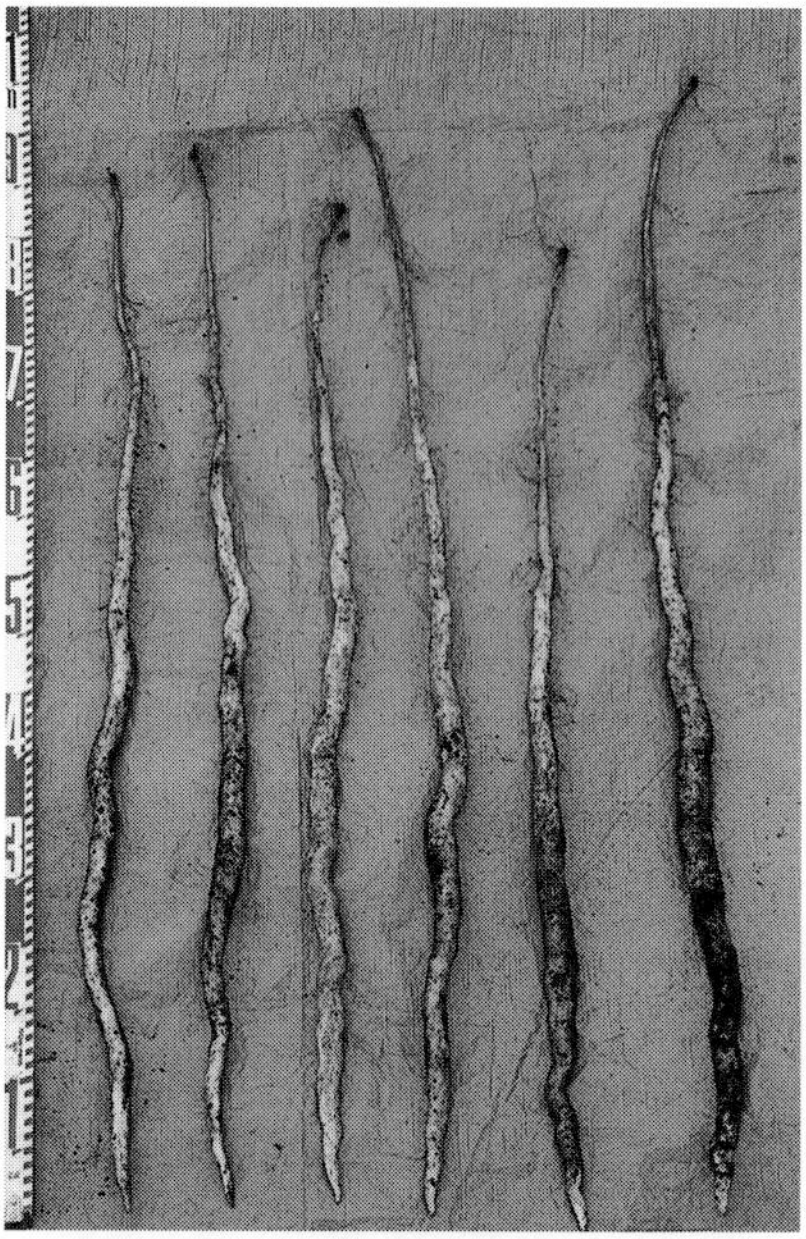

図2—10 ムカゴから養成した1年イモ
1本80gを超える大きなものは半分に切って，2本の種イモに使用できる

イルス症状の現われ方にもよるが、長くても二〜三年までとする。これ以上取り返して種イモに用いると、ウイルスフリー株の効果はなくなる。

②アブラムシの定期防除でウイルス病感染を防ぐ

ほ場でのウイルス感染はアブラムシによるため、定期的な殺虫剤散布で防除をする。葉が展開し始める六月から茎葉の黄化が始まる十月まで、月二回程度の防除が必要である。アブラムシは春と秋に発生が多く、この時期には葉の裏までムラなく薬液がかかるようにていねいに散布する。

(4)　ウイルスフリー種イモの入手方法

①愛知県の増殖・供給態勢

愛知県が平成三年から実施しているジネンジョ・ウイルスフリー株の増殖・供給事業の概要を紹介する(図2—11)。この種苗増殖の流れは、それぞれの機関で継続して実施され、生産者は毎年希望数量が入手できるようになっている。他府県でも同様な取り組みがあるので、ウイルスフリー種イモの入手にあたっては最寄りの農業改良普及センターに問い合わせるとよい。

②市販種イモの購入

ウイルスフリー種イモは一部の種苗会社から販売されているので、園芸店でも入手できるが、種イ

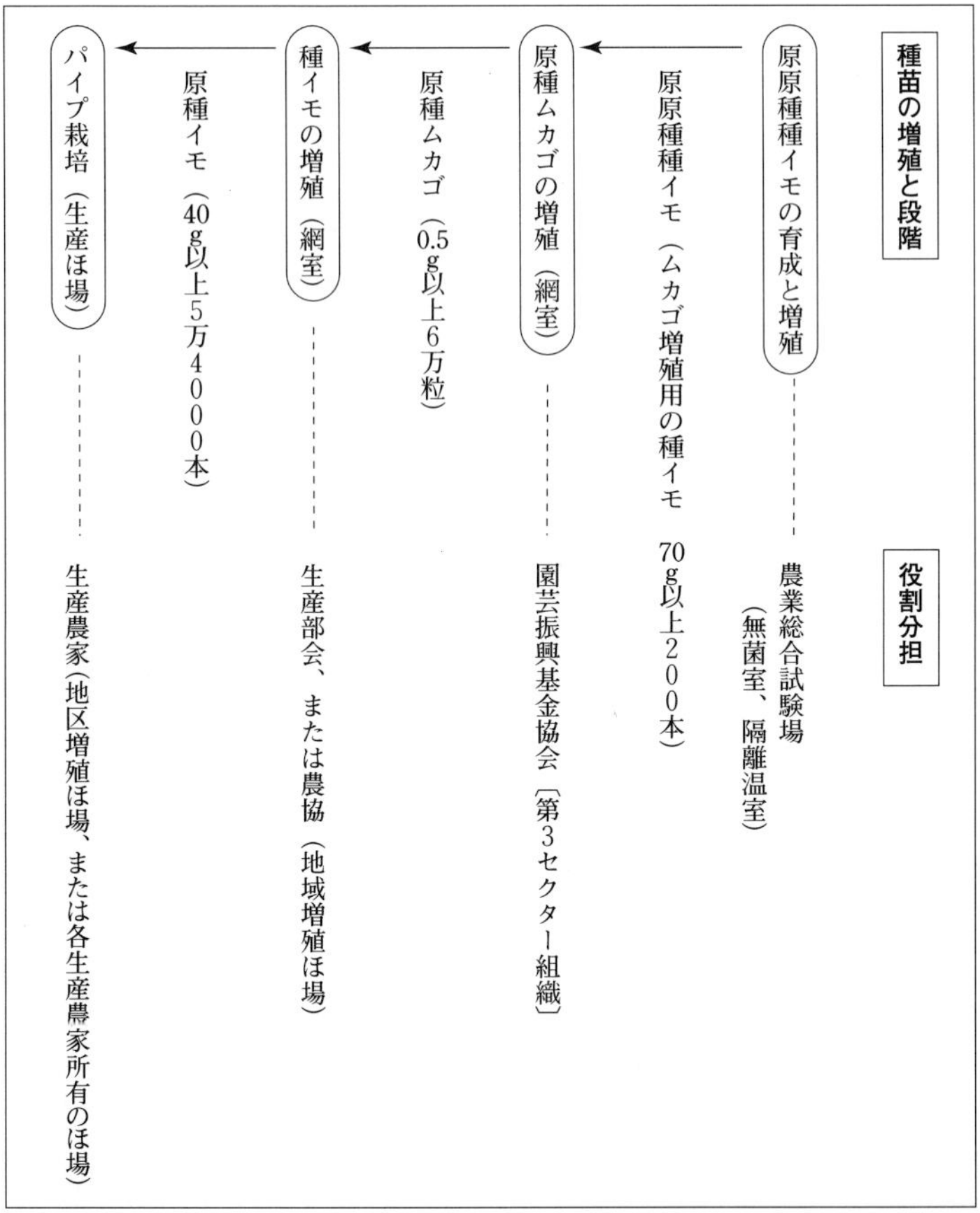

図2—11　愛知県でのウイルスフリー株の増殖の流れ
役割分担によって，安定供給の態勢づくりが図られている

モ一本が四〇〇円以上と高価である。種イモの生産量は限られているので、たくさんの本数を購入する場合は事前に連絡が必要である。ムカゴの形態で販売している種苗会社もあるが、ムカゴからはイモの形状の良し悪しなどを推測することはできないため、どんな系統であるのか、またウイルスフリー株から採取したものかどうか問い合わせてから購入するとよい。

3、栽培容器利用のポイント

(1) 栽培容器は特性を知って選択を

栽培容器内で肥大するため、イモの形状などは容器の影響を受ける。また、土詰めや埋設作業のやりやすさなども異なるため、それぞれの特徴を理解して選択する。栽培容器は考案者のジネンジョの栽培理論と強く結びついているので、詳しくは紹介できないが概略は次のとおりである。巻末のジネンジョ栽培資材の入手先一覧を参照されたい。

(2) 広く使われているクレバーパイプ

山口県の政田氏が開発した栽培容器で、現在もっとも広く用いられている。長さ一三五センチの円筒状の塩ビ製パイプ（クレバーパイプ）に用土を詰めて埋設する（図2—12）。

〈長所〉

○栽培容器のパイプは長いので、イモの形状が長い系統の栽培に適する。

図2—12 クレバーパイプと収穫されたイモ
イモの裏側が平らになる

○パイプは肉厚の塩ビでつくられているため耐用年数が長い。掘り取り後、ほ場に放置して紫外線に長期間当てると劣化が早くなるが、ていねいに扱えば八～一〇年の使用に耐える。

○埋設作業はパイプが折れ曲がらないのでしやすい。

〈短所〉

○肉厚のパイプのため周囲の土からの圧力がかかりにくく、土詰め量が少ないとイモが細長くなりパイプの下端から突き抜けて生育することがある。

○土詰め量が少なく埋設角度が小さいと、イモの背面がパイプに張り付いたような状態となり、いわゆるカマボコ型のイモ断面となる。

○用土は、種類によっても違うが、パイプ一本当たり四〜五キロが必要となる。

(3) 栽培本数を増やせる二連式パイプ

主に北陸地方の産地で使用されている。クレバーパイプを横に二本つなげたような形状である。一うねに対しクレバーパイプを二条植えした状態になる。

〈特徴〉

○二連パイプになっているため、単位面積当たり作付け本数を増やせる。

○一度に二本のパイプを埋設でき、作業が省力的である。

○その他の特徴はクレバーパイプと同様である。

(4) 円形に近いイモがとれる「おふくろ」

栃木県の「玉川じねんじょ園」によって考案され、イモの形状ができるだけ自然に近くなるように工夫されている。全長一二〇センチ、折り幅七センチの袋状の栽培容器である（図2—13）。主に関東地方の産地で使用されている。

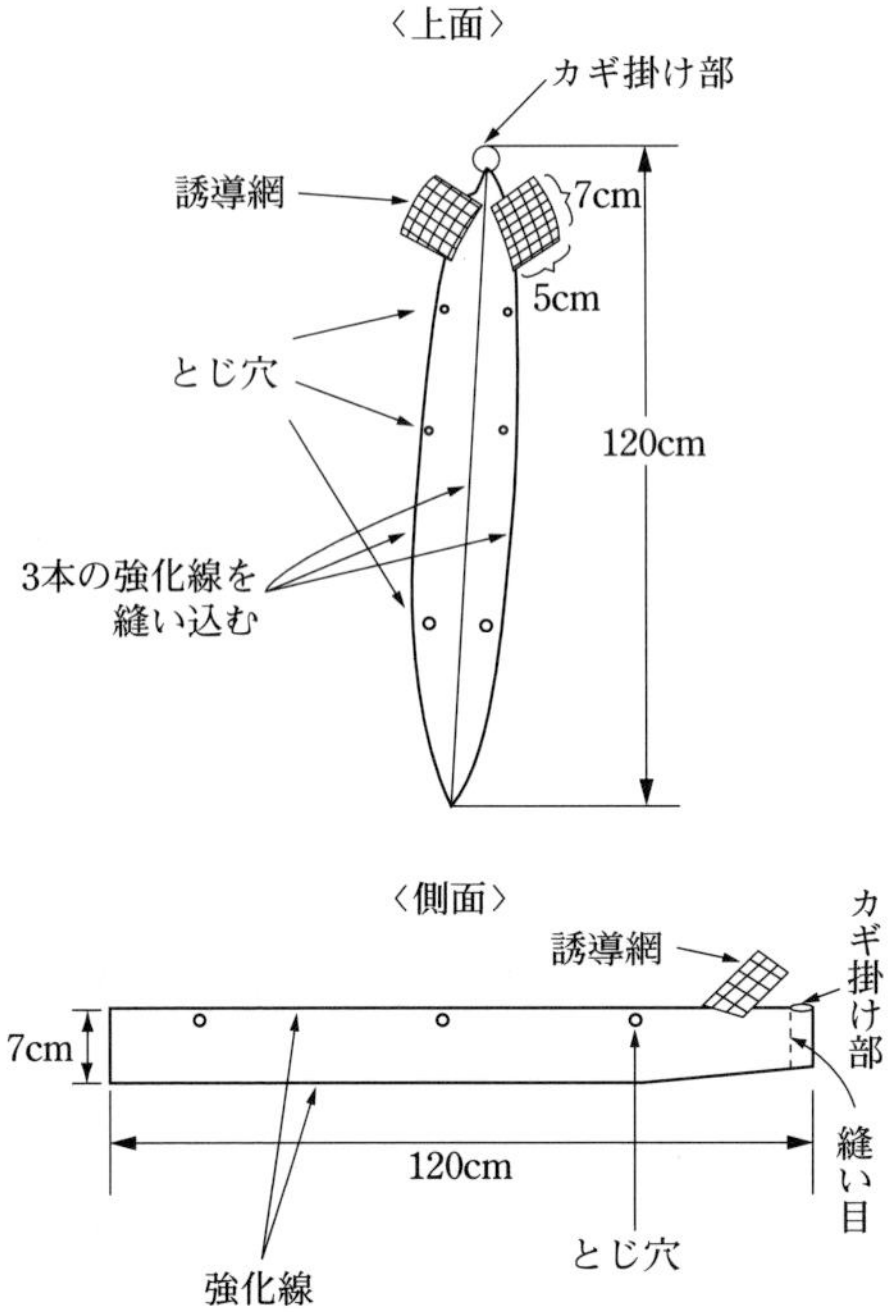

図2—13 「おふくろ」

ガマ口状に開けて用土を詰めて，とじ穴で閉じる。イモが容器からはずれないように，誘導網を首部に縫いつける

〈特徴〉

○合成繊維の織布でつくられているため柔らかく、イモの断面は円形に近くなる。

○首部にカギ掛け部がつくられていて、ここにカギをかけて簡単にうねの中から手前へ引き抜いて収穫できる。

○用土は一本当たり約一キロと少ない。

○土詰め作業は、袋に用土を入れ、開かないようにヒモで閉じるなどの作業が必要で、やや熟練を要する。

(5) まっすぐなイモがとれる波板

○市販の波板を幅一〇センチ、長さ一二〇センチに切って栽培容器代わりに用いる。この波板を約二〇度の角度で埋設し、この上に用土を置き、次にまた波板をのせる。これを繰り返して、波板と用土のサンドイッチをつくり、両端と上をポリマルチで覆い、周囲の作土から隔離する。これに土を盛ってうねをつくる。うね全体が大きなサンドイッチ状の栽培容器となる（図2—14）。静岡県で考案された栽培方法である。

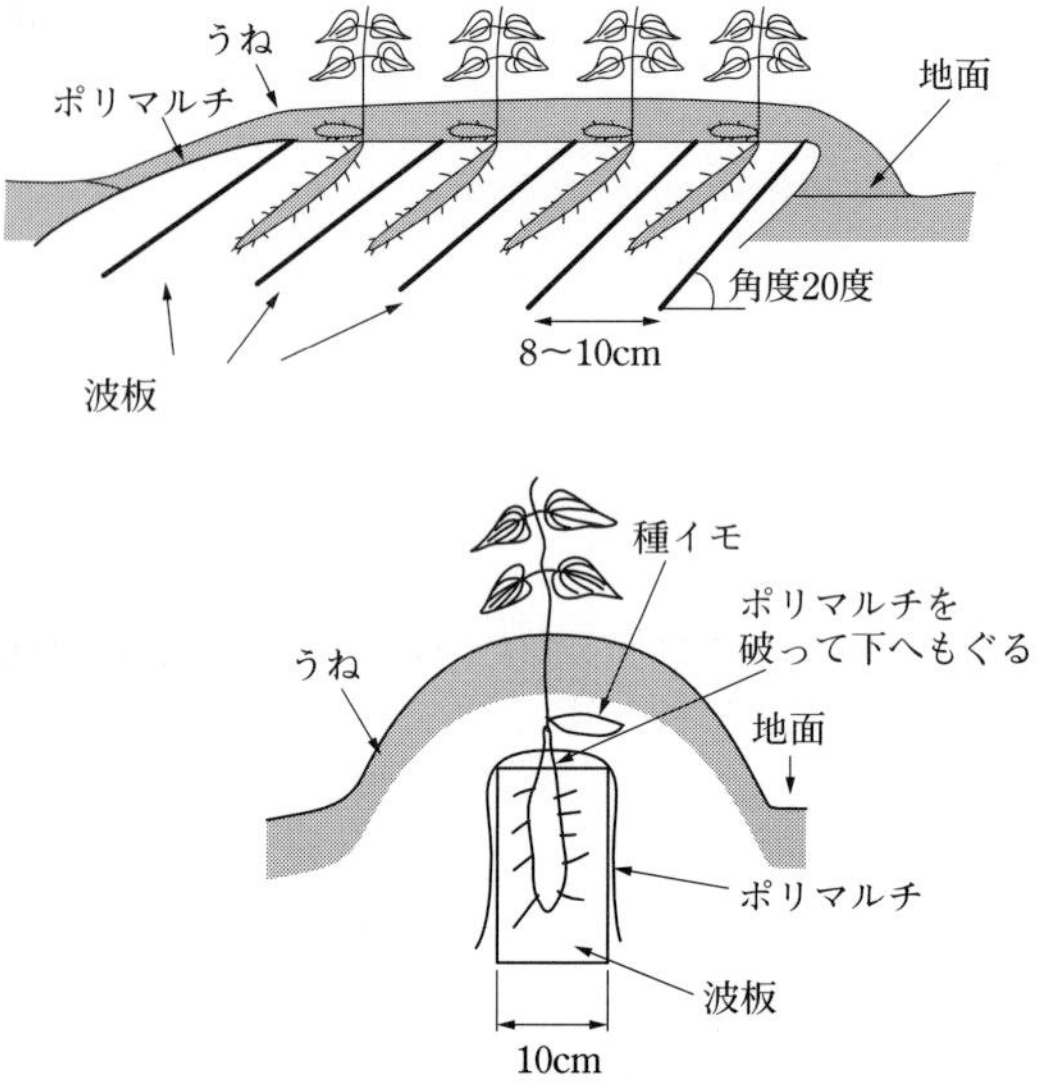

図2—14　波板栽培法

イモ周囲は，波板とポリマルチで覆われ，栽培容器内と同じ状態になる

〈特徴〉

図2—15 波板と収穫されたイモ
まっすぐで丸みがある

○波板の谷の部分でイモが生育するので、形状はまっすぐとなり、断面も円形になる（図2—15）。
○波板の埋設間隔が狭く、密植栽培となる。
○静岡県のような日照条件の良好な産地に適するが、雨量が多く日照条件の悪い山間地域で導入するのはむずかしい。
○設置作業に多量の用土と労力を要するが、収穫作業は短時間にできる。

(6) ビニールダクト利用の波板の改良方式

波板を用いた栽培の改良型である。波板と波板の間に直接置いていた用土をビニールダクトに入れて、設置するので少量の用土ですむ。

〈特徴〉

○設置作業は波板を敷きその上に用土を詰めたビニールダクトを置いていくだけなので、省力的。

○ダクト内の用土が乾燥している場合は、周囲の土壌から水分が移行しないので、イモの肥大がきわめて悪くなる。
○掘り取り作業は波板よりもさらに短時間にできる。

4、ジネンジョ栽培の経営収支と労働時間

(1) 一〇アール当たりの所得は一五〇万円

愛知県の山間地域でのクレバーパイプを用いた栽培事例の収支を調査したものを表2―1・2・3に示した。栽培者は六十歳代の男性とその妻である。一〇アール当たりの農業経営費でもっとも多くを占めるのが、種苗費の種イモ購入代である。ムカゴから自家育苗すればこの金額の半分以下にすることもできる。次に多いのが材料費で、クレバーパイプの購入費用である。この二つがジネンジョ栽培でもっとも費用を要する。

表2―1　農業経営費

（単位：百円/10a）

費　目	金　額
種苗費	3,080
肥料費	314
薬剤費	237
光熱動力費	270
その他諸材料費	2,134
賃貸料及び料金	182
合　計	6,217

表2―2　収量・粗収益・経営費・所得

面　積	単位生産量	生産総量	単　価	粗収入	経営費	所　得
10a	900kg/10a	900kg	2,400円/kg	2,160,000円	621,700円	1,538,300円

表2―3　収益・所得ほか

項　　目	金　　額
農業粗収益	2,160,000円
農業経営費	621,700円
農業所得	1,538,300円
年間投下家族労働時間	699時間
労働1時間当たり家族労働報酬	2,200円

生産量は一〇アール当たり九〇〇キロとなっているが、これは平均的な収量でそれほどむずかしいものではない。平均単価二四〇〇円で販売し、粗収入が二〇〇万円を超え、経営費の六二万円を差し引いた所得では、一五〇万円あまりとなっている。労働時間報酬では二二〇〇円となり、他の作物に比べ非常に有利な経営品目であるといえる。

(2)　定植準備と収穫が労働時間の大半を占める

前記の収支を得るのにかかった労働時間を調査したのが表2―4である。一〇アール当たりの総時間数は約七〇〇時間となっている。

このなかで、もっとも時間を要するのが定植準備である。定植準備とは具体的にはクレバーパイプへの土詰めと埋設作業であるが、これが全労働時間の三〇%の時間を要する。次に多いのが収穫・調製で、二四%を占める。定植準備と収穫作業で全体の五〇%強の作業時間となる。このようにジネンジョ栽培で忙しいのは春と秋であ

表２－４　農作業時間

（単位：時間 /10a）

項目	月												計
	1	2	3	4	5	6	7	8	9	10	11	12	
育苗			20	20									40
床土づくり													0
耕起・整地		20											20
定植準備			145	65									210
元肥													0
定植（播種）					70	10							80
かん水・換気							4	4	4				12
中耕除草							8						8
追肥								4	4				8
栽培管理									4				4
防除						8	8	8	8				32
収穫・調製										25	140		165
後片付け												30	30
敷きワラ						25	25						50
小計	0	20	165	85	70	43	45	16	20	25	140	30	659
選別・包装・荷造・搬出・出荷											20	20	40
合計	0	20	165	85	70	43	45	16	20	25	160	50	699

るが、埋設作業もほ場が凍らない地域であれば二月頃から始められ、また収穫もほ場での貯蔵性が高いため、三月まで収穫を延ばすことができる。このようにジネンジョ栽培では、労働時間の大きなピークがなく、高齢になっても栽培が続けられる作物であるといえる。

第3章　ジネンジョ栽培の実際

1、ジネンジョ栽培の概要

(1) 栽培の特徴

ジネンジョ栽培の特徴を整理すると次のとおりである。

①種イモの良否が作柄に大きく影響する。

②定植から収穫までの生育期間が長く、それぞれの生育時期に応じた管理が必要となる。

③根が浅いため、土壌水分や地温の変化の影響を受けやすい。

④ツル性のため、地上部の生育管理が他の作物とは大きく異なる。

⑤収穫物であるイモは、地中に埋設した特殊な栽培容器内で生育させる。

⑥マイナーな作物のため、ほとんど品種改良がされていない。

このように、ジネンジョ栽培では他の作物にない特徴があるため、それに応じた栽培技術が必要となる。栽培の実際をたどりながらそれぞれの項で具体的に解説する。

図3−1 網室で養成されたウイルスフリーの1年イモ
種イモに用いる

(2) ジネンジョ栽培に必要な各種資材

①種イモの質が作柄を左右する

いろいろな作物で「苗半作」ということがよくいわれるが、とくに栄養繁殖性の作物にはこの言葉がよく当てはまる。ジネンジョ栽培においては「種イモ半作」、つまり種イモの良し悪しが作柄を大きく左右する。良質な種イモとは、ウイルス病などにかかってなく、イモの形がよくて粘りが強いなどの優れた性質をもっているもののことである。第1章で述べてきたように、優れた特性を持つ系統のウイルスフリー株を種イモに用いるのがもっともよい（図3—1）。

②初心者はクレバーパイプがおすすめ

栽培容器はさまざまなものが手に入るが、初めてジネンジョ栽培に取り組む生産者には、まず「クレバーパイプ」から始めるのがよい。また、販売方法、栽培技術、栽培規模に応じて容器を選択するとよい。クレバーパイプを使うとイモの断面が「カマボコ型」になりやすく、対面販売では敬遠される場合があるが、内容品質などは他の栽培容器に比べても劣らない。また、もっとも長く使用されており、栽培技術も確立されており失敗が少ない。

その後開発された「おふくろ」「ビニールダクト」「波板」などの栽培容器は、大きな特長として、イモの断面が円形となり、外観が天然のものに近づく点があげられるが、それぞれに利点、欠点があるので容器の購入時には詳しく調べるようにする（第2章3を参照）。

③肥料は九月の肥大期に効かす

産地ごとに「栽培暦」がつくられており、さまざまな肥料設計がされている。土壌条件やマルチの有無などの栽培方法などによっても肥料設計は異なる。また、元肥主体とするか生育状況を見ながら追肥をしていくかなどでも異なるが、肥料設計の基本的な考え方を整理すると次のとおりである。

①生育期間が長く、肥料切れを避けるため、肥効が長期にわたるものがよい。

②ジネンジョは根が浅く、一度に肥料が溶け出すと根傷みしやすいので、肥効が緩やかなものがよ

い。

③イモの肥大は九月以降急速に進むので、この時期に肥料が効くような肥培管理が必要になる。

④窒素は成分量で一〇アール当たり二五～三〇キロ施用する。リン酸、カリ成分は窒素と同量程度必要である。

④茎葉の誘引はネットで省力的に

ジネンジョはツル性であり、受光体勢や風通しをよくするために茎葉の誘引が必要となる。ジネンジョ栽培が始められた頃は、五～六メートルの長い竹を合掌に組んで誘引していたが、台風などで倒れやすく、設置作業に大きな労力が必要になるなど問題点が多かった。現在では市販のキュウリネット（幅一八〇センチ、長さ二〇メートル）を用いることが多い。ネットの支えは、間伐材、竹など身近に手に入るもので間に合うが、なければ市販の金属パイプや、イボ竹などを購入する。

2、ムカゴからの種イモ（一年種イモ）養成

ほ場で栽培したイモはすべて販売、消費し、種イモとして再利用はしないほうがよい。ウイルス病やその他の病気を種イモから持ち込むことにつながり、生育やイモの肥大が悪くなる。三～四年も生

産ほ場から種イモを取り返している間にイモの肥大が悪くなり、販売できるイモができなくなり、産地がつぶれてしまった例もある。ウイルス感染を防ぐには、優良な種イモを確保することが重要となる。

優良系統のウイルスフリー株から採取したムカゴを使って一年イモを養成し、この一年イモを種イモに用いて栽培することが、ウイルス病などによる生産低下を解決する面からも、切りイモ種に比べ肥大がよいという特性の面からも、もっとも優れる。ムカゴからの種イモ養成はアブラムシによるウイルス感染を防ぐために基本的には網室で行なう（図3—2）。網室がない場合はパイプ栽培などの生産ほ場から離れたところに専用ほ場を設け、アブラムシなどの定期防除に努める。図3—3の栽培暦を示すとともに、具体的な詳細を述べる。

(1) ウイルスフリー・ムカゴの入手

愛知県では、ジネンジョ・ウイルスフリー株の増殖・供給事業を実施しているが、種苗としてもっとも増殖や貯蔵がしやすく安価で生産できることから、ムカゴの形態で現地の生産組織に毎年供給している。同じ取り組みをしている他県でも、同様の理由からウイルスフリー株はムカゴの形態で流通していることが多い。ムカゴの入手にあたっては最寄りの農業改良普及センターか農協に問い合わせるとよい。入手できない場合は、巻末の付録にあげた種苗会社に問い合わせるとよい。

図3−2 網室での種イモ養成

ウイルスフリーのムカゴから優良な種イモを養成する

月	4	5	6	7	8	9	10	11	12	1	2	3
生育と主な作業	◎	○ 茎葉伸長始め			○ ムカゴ着生始め	○ イモ肥大盛期		○ 茎葉枯上がり 掘り取り可能時期	掘り取り可能時期	掘り取り可能時期	掘り取り可能時期	掘り取り可能時期
	元肥、播種	マルチ、誘引	異常株抜き取り	病害虫防除、敷きワラ、追肥	病害虫防除、追肥	ムカゴ採取、病害虫防除			雪害対策			種イモ掘り取り
	催芽⇨定植			←かん水	かん水	かん水→			(寒冷紗をはずすか網室に支柱を入れる)			

図3−3 ムカゴからの種イモ養成の栽培暦（網室使用の場合）

生産ほ場の株からムカゴを採取する場合は、生育初期から葉などのウイルス症状の有無をよく観察し、生育が健全で症状のない株に目印を付けておき、秋になって肥大したものを葉腋から直接取る。落下したものはさまざまなものが混入するので採取しない。

(2) ムカゴの貯蔵方法

ムカゴは、地上部で形成されるため表皮が硬く、イモに比べ乾燥しにくく、腐敗も少ない。このため、貯蔵がしやすく、保管スペースも少なくてすむ。ベンレートTなどの薬剤で粉衣消毒し、乾燥しないように古新聞などでくるんでビニール袋に入れて密閉する。これを二～三℃の保冷庫内で貯蔵し、乾燥と萌芽を防ぐ。植え付けの二週間ほど前に、保冷庫から取り出し、ビニール袋に入ったまま室温に置いておくと、ムカゴに小さな白い不定芽が形成される。これを植え付ければ、芽が出ないことによる欠株がなくなり、生育も早くなる。

(3) ムカゴからの種イモ養成のポイント

①収穫イモ栽培との違い

ムカゴからの種イモ養成は、ジネンジョ栽培を経験している生産者であれば、その栽培技術の援用で十分にできるが、注意すべき点がいくつかある。
○一粒のムカゴからは二～三本の不定芽が形成され、ツルとなって繁茂する。それぞれの芽からイモができるが、気象条件の不良や生育管理の不備によって、種イモにならないような小さな一年イモばかりになってしまうことがあるので、催芽などをして不定芽形成を確認し、このときに強い不定芽を一芽を残し他の不定芽はかき取ってから植え付けると、余分な小さな一年イモの形成を抑えられる。
○ムカゴから発生した根は、切りイモ種や一年イモ種の吸収根に比べて細くて、雑草を抜き取るときなどに切りやすい。また、短いので根圏も狭い。このため土壌の乾湿の影響を受けやすく、とくに平坦地では夏期の土壌乾燥や高温による生育障害が発生し、イモの肥大が悪くなることもある。この対策として、かん水と敷きワラやポリマルチの施用が必要となる。
○ウイルス病に感染させない管理が必要となる。網室のためアブラムシの飛来は防げるが、衣服などに付着したり、寒冷紗が破れたりして侵入することもあるので、注意が必要である。定期的な薬剤防除は必ず行なう。

②ムカゴの大小と一年イモの肥大は無関係

ムカゴを播いて一年イモを養成する場合、どれくらいの大きさのものを使えばいいのか生産者からよく聞かれる。そこで、ムカゴ一粒の重さが○・五グラム～一・○グラムのものを使い、一年イモの

表3－1　優良無病ムカゴの重さと1年イモの肥大

ムカゴの重さ	1年イモの重さ	長　さ	50g以上のイモの割合
0.5g	78 ± 20g	45 ± 4.0cm	95%
0.6	60 ± 19	42 ± 3.7	60
0.7	59 ± 14	47 ± 3.6	75
0.8	66 ± 11	49 ± 2.7	90
0.9	69 ± 16	45 ± 3.0	95
1.0	67 ± 16	48 ± 2.8	86
0.75	66.5	46	83.5

肥大との関係を調べた。その結果、ムカゴの重さと一年イモの重さとの間には相関はなく、〇・五グラム以上であれば種イモとして実用性の高い五〇グラム以上の一年イモが約八三%の割合で得られた（表3―1）。このことから、〇・五グラム以上のムカゴであれば一年イモの養成に十分に使える。ムカゴは一粒ごとに重さを計ることは大変であるが、ふるいを使えば大まかな選別ができる。ムカゴの形状には球形のものから楕円形のものまでいろいろあるが、八ミリメッシュ以上の網目のふるいであれば、一粒の重さ〇・五グラム以上のムカゴがそろう。

③株間四センチで十分肥大できる

網室の設置には費用がかかるため、限られた面積の網室からできるだけ多くの種イモを養成したい。ムカゴの植え付け間隔とイモの肥大との関係は、株間を広くとったほうが一本のイモは重くなる傾向であるが、もっとも狭い四センチでも一年イモの重さは平均八四グラムで、五〇グラム以上の割合は九七%であった。単位面積当たりの収量比較では、株間四センチとった区が八～一六センチと広くとった区の一・九～二・三倍となった。これらのことから、網室の

表3―2 株間と1年イモの肥大

株間	供試数 (A)	イモの重さ (B)	イモの長さ	A×B[1)]
cm	粒	g	cm	g
16	15	162±37	67±3.4	2,430
12	20	111±32	57±4.6	2,220
8	30	123±37	70±7.4	2,690
4	60	84±22	60±8.8	5,040

注) 1区の面積2.88m²当たりの収量

有効利用の面では、株間四センチが最適である(表3―2)。

(4) ムカゴからの種イモ養成の実際

①網室は栽培ほ場から一〇〇メートル以上離して設置

専用ほ場(網室)の設置 ウイルス病や炭そ病などの感染を防ぐため、ジネンジョやその他のヤマノイモ類の栽培ほ場から一〇〇メートル以上離れた、日照や通風のよいところを選ぶ。冠水や浸水の恐れがなく、地下水位が低く、水はけのよい場所に設置する。

網室の構造 ジネンジョのウイルスはアブラムシによって媒介されるので、侵入を防ぐため寒冷紗(白 網目#一〇〇〇)で被覆した網室とする。網室の出入り口には前室を設け、管理器具置き場や手洗い場所を設置する。

ほ場の整備 土壌の過湿は生育不良、センチュウの発生などを招くため、網室の外周には明きょを掘り、排水をよくする。ほ場周囲の雑草は病害虫の発生源になるので、定期的な除草をする。

②ムカゴの植え付けは四月中下旬

うね幅一三〇センチ、うねの高さ約二〇センチとする。間口五・四メートルの網室では四うねつくることができる。掘り取り作業の省力化のため、水田の水もれ防止に使われる幅四〇センチの畦波をうねの中に斜めに埋め込み、この上で一年イモを肥大させる方法も有効である。

植え付けは平均地温が一〇℃以上となる四月中下旬に行なう。育苗バットで催芽し、芽が五センチ程度伸びたものを定植すると生育が早い。植え付け数は、間口五・四メートル、長さ二〇メートルの網室で株間四センチとすると、約二〇〇〇粒となる。

③緩効性肥料を中心に施用

元肥として窒素成分量で一〇〇平方メートル当たり一・五〜二・〇キロを施用する。緩効性肥料のゆうきJA801(8—8—8)を用いると、現物で約二〇キロとなる。施用時期は、うね立て時あるいは植え付け後に、ツルが上り始めてから土寄せ時に施用する。追肥は七月下旬と八月下旬〜九月上旬の二回、ゆうきJA801をそれぞれ現物で一〇キロ施用する。

うね立て時に肥効調節型肥料を用いて全量元肥とする省力的な施肥も有効な方法である。具体的にはスーパーロング424—100(14—12—14)を現物で約二〇キロ施用する(表3—3)。

表3－3　ムカゴからの種イモ養成の施肥例

（単位：kg）

	肥　料　名	元肥	1回目追肥（7月下旬）	2回目追肥（8月下旬～9月下旬）
元肥＋追肥	マグカル	20	—	—
	ゆうきJA801（8－8－8）	20	10	10
全量元肥	マグカル	20	—	—
	スーパーロング424－100（14－12－14）	12	—	—

（100m²当たり，間口5.4m×長さ20m　網室1棟分）

④植え付け後の管理

イボ竹などを二メートル間隔で立てて、キュウリネットを高さ一五〇センチで垂直に張り、これにツルを誘引する。ネットを高く張りすぎるとツルの先が網室の天井の網を破り突き抜けて繁茂するので注意する。ネットの上部からさらに上に伸びようとするツルは、ときどき点検して、ネットに巻き付かせるようにするが、それでも天井に触れるようなら切除する。

葉が四～五枚展開したら、よく観察し、モザイク症状が見られる株は植え付けたムカゴとともに抜き取り、焼却処分する。ツルを切るだけでムカゴを残しておくとこれからまた芽が出てくるので一緒に抜いて処分する。高温期になるとモザイク症状が薄れ、罹病株を見つけにくくなるので遅れないようにする。

七月下旬から九月中旬までの高温・乾燥期は、イモの伸長、肥大期であるため、適時かん水して適度な土壌水分を保つ。かん水は、株元から離し、うねの肩からうね間にかけて行なう。一度に大量のかん水をすると横すじ状の亀裂が入るなどの障害が出るので、少量を回数多くして行なう。なお、かん水チューブを設置すると省力的にできる。

⑤防除は予防重視で先手を打つ

生産ほ場での病害虫防除と同様に茎葉が繁茂し始めたら、月に二回の定期防除に努める。網室の中で害虫が発生すると、天敵がいないので防除が遅れると大発生につながることがある。害虫ではアブラムシ、ハダニ、ヤマノイモコガに、病気では炭そ病の発生に、注意して防除する。

⑥ムカゴの採取で肥大を促進

ムカゴは八月下旬頃から着生し、九月中旬頃から落下し始める。そのまま放置すると翌年発芽するので拾い集めて、網室の外へ持ち出す。生育の全期間を通して、ウイルス病や他の病害の発生がない場合は、採取したムカゴを翌年の種イモ養成用に使用することもできる。

(5) 年内に試し掘り、収穫は三月に

一年イモの収穫は茎葉が枯れ上がって以降であればいつでもできるが、翌年の三月に収穫したほうが貯蔵の手間も省け、催芽での腐敗も少ない。しかし、掘り上げてみて、イモの肥大が悪かったり、病虫害などにより、種イモ予定数より不足する場合もあるので、年内には一部試し掘りをして、予定

数量が得られるかどうかをつかんでおく必要がある。

掘り取り作業は、植え付け前に畦波などが設置してある場合には人手でも簡易に収穫できるが、畦波がない場合は車幅が八〇センチ程度の小型のバックホーを使うと簡易にできる。バックホーで、うねに沿うように溝を掘り、後は人手でイモの周囲の土を崩すように一年イモを掘り取る。イモを折ったり傷つけたりすることも少なく、短時間に掘り取ることができる。

掘り取った一年イモは定芽が付いていて傷のないものはそのまま牛産ほ場に定植できる。定芽がないイモには、催芽を行なう。首部を切り落として催芽する場合は、折らないように水洗いし、ベンレートTで浸漬消毒後、切り口や傷口にベンレートTを粉衣してから催芽する。

3、ジネンジョ栽培の実際—クレバーパイプを用いた栽培—

ジネンジョ栽培の概要を時期を追って説明すると、次に示すとおりである（図3—4参照）。これは愛知県の標高四〇〇～五〇〇メートルの栽培地の事例なので、それぞれの地域の標高や気候などによって時期が多少ずれる。また、栽培する品種の早晩性によっても異なるので、実際の栽培では栽培地域の実情に応じて読み替える必要がある。

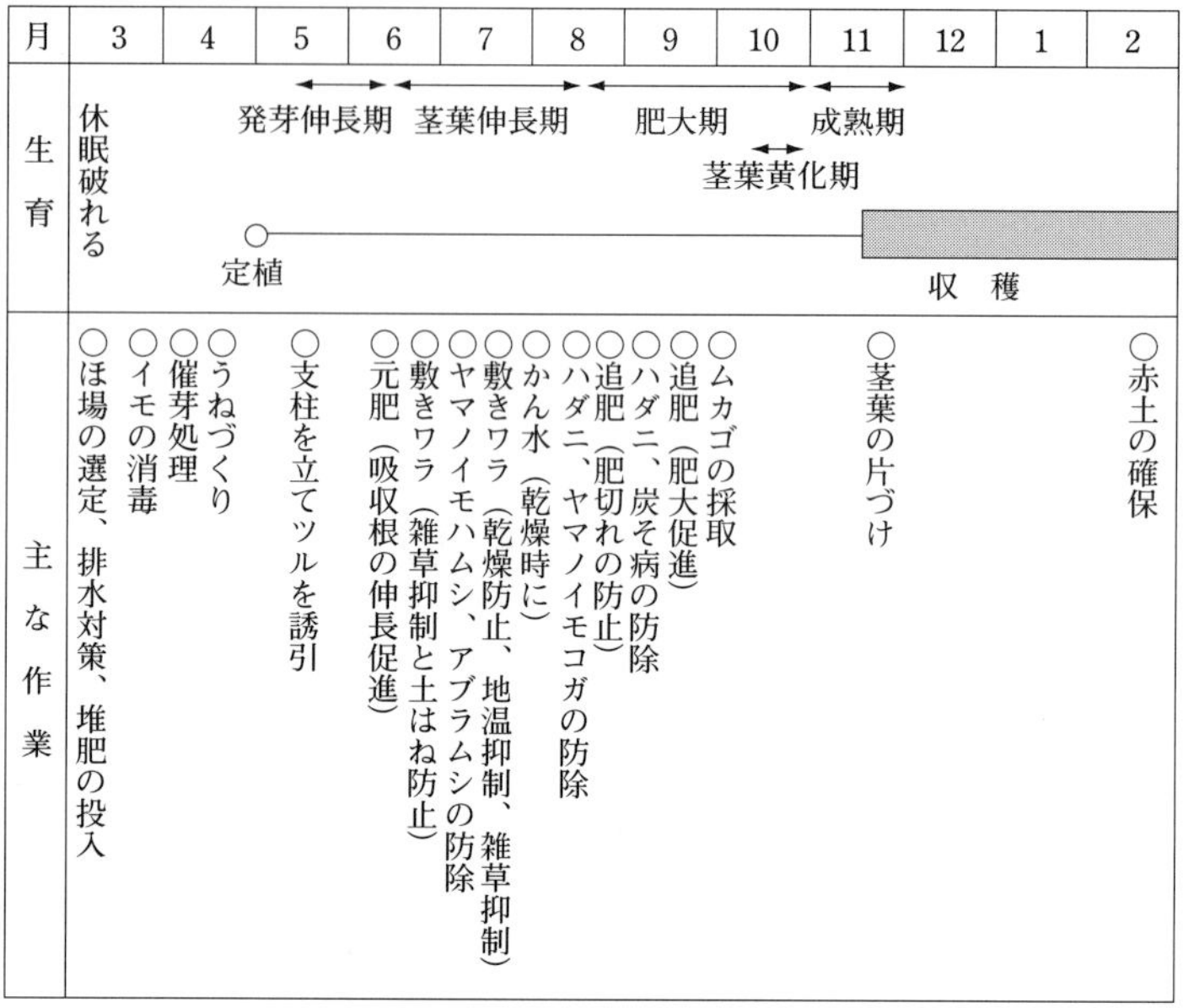

図3―4　生育と主な管理

(1) 適地の選択とほ場整備

①日当たりと排水性がよい場所を選ぶ

ジネンジョはほ場の土質条件は問わないが、日照時間が長く、排水良好なほ場がよい。以前は茶畑や桑畑、果樹園などに使われてきた、緩やかな傾斜のあるようなほ場は日当たりが良く、排水も良好なのでもっとも適する。静岡県などではミカン畑の跡地で栽培されている事例も多い。また、転作田も排水対策を十分にすればほ場として使える。現在、休耕により水田が荒廃しつつあるが、山間地域では稲作に代わる適作物も少ないので、転作田でのジネンジョ栽培をお推めしたい。作業性を考えると、資材の運搬や農薬散布などのため、軽トラック以上の車両がほ場に横付けできる道路に面したほ場を選びたい。

②排水性の改善と土づくりで連作可能

どんな作物でも連作障害が問題となるが、ジネンジョはいわゆる「いや地現象」といわれるものはない。地力の向上と土壌病害虫の対策を十分にとれば、長期の連作は可能である。一般的には二～三年でほ場を替えると生産がもっとも安定するようであるが、良質な堆肥を毎年投入し、安定的に高収量が得られているほ場のなかには、一〇年以上にわたって連作しているところもある。

連作しながら好成績を上げている事例を調査してみると、ほ場の排水性の改善と良質な有機物の投入による土づくりがポイントになっている。排水性の良さの目安は、大雨の翌日でもうね間に水たまりができていないこと、多少の雨なら上がり次第ほ場に入って作業ができることである。こうしたことを目安にほ場を整備する。

ジネンジョを含めヤマノイモ類は地力でつくるといわれる。これはヤマノイモ類は生育期間が長く、しかも浅根性のためさまざまな環境変化の影響を受けやすい作物であるが、地力がある物理性の優れた土壌であればその影響を最小限にくい止めることができるからである。土づくりでは、十分に発酵させた畜糞堆肥などを毎年一〇アール当たり三〜五トン投入し、土壌の物理性の改善と不足しがちな微量な養分の補給に努める。

(2) 植え溝掘りとうねづくり

①溝は傾斜に沿って掘る

傾斜のあるほ場では、傾斜にしたがって図3—5のように溝を掘る。ほかの作物では土の流れるのを防ぐため、傾斜と直角にうねをつくるが、ジネンジョの場合は排水性を第一に考える。

平坦なほ場では排水不良になりがちなので、溝は浅めにして土を盛って高うねにする。また、一うねの長さをあまり長くしない。

②転作田では排水対策を完璧に

転作田でも十分にジネンジョ栽培が可能である。むしろ基盤整備された転作田のほうが作業環境がいいので栽培する場合も多いが、問題は排水対策である。休耕田での失敗例の多くは、梅雨や台風などの大雨で長期にわたり、ほ場が過湿状態になった場合である。吸収根が根傷みを起こし、生育不良や枯れ上がりが早くなり、結果としてイモの肥大が悪くなっている。そんなほ場を見てみると、うねの一カ所から排水できるようになっているだけで、多量の雨には対応できていない例が多い。次の点に注意して湿害を防ぐ。

①栽培の全期間を通して、地下水位がパイプの最下部より上に上がらないようにすること。具体的には梅雨や秋の長雨時期でも地下水位を六〇センチ以下にすること。

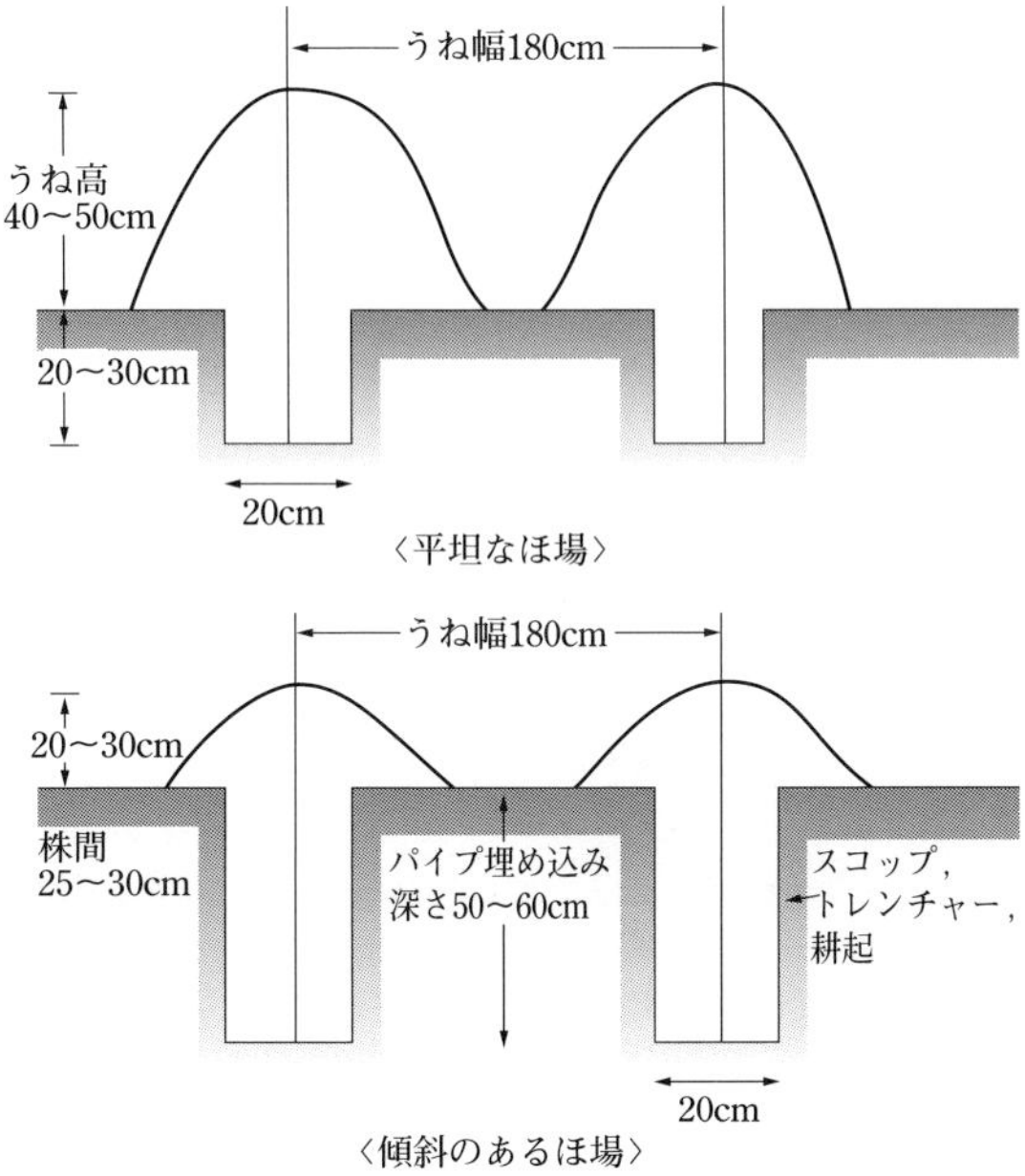

図3−5 埋め込み溝の掘り方

平坦なほ場では排水性を考え，溝は浅めに掘り，土を盛ってうねを高くする

②ほ場周囲のうねを数カ所切り、雨水をほ場の外へ流し、降雨後もうね間に水たまりができないようにすること。

③隣接して水田がある場合は地下水の浸透を防ぐため、明きょを掘ること。

④ほ場が均平になっているので、排水対策をしてもジメジメする場合があるので四〇～五〇センチ程度の高うねにすること（図3―6）。

図3—6　転作田での栽培
高うねにして湿害を防いでいる（支柱はアーチ状の金属パイプを使用）

(3) パイプへの土詰めと埋め込み

①赤土は粒子の細かいものを

表皮の荒さや色はパイプに入れる用土に大きく影響されるので、良質な用土の確保が重要である。用土の粒子が粗いと表皮の凹凸が大きくなったり、小石が混入していると表皮に食い込んだりする。イモが分岐する原因にもなる。山のきめの細かい赤土が適する。林道工事の現場などで、こうした用土が出ることも多いので土建業者に頼んでおくとよい。小石などが混入している場合はふるいにかける。生産部会ぐるみで活動している場合は、部会として用土を販売し、統一を図る。生産者個人で用土を確保する手間が省けるばかりか、外観のよくそろったイモが生産でき、販売上も有利となる。

②土の量は適度な圧迫が加わる程度に

パイプは用土を詰める前に三、四カ所を麻ヒモかワラなどで縛っておくと作業がしやすい（図3—7）。一本当たり五キロ前後を目安に用土を詰める。イモは土圧に反発するようにして肥大するので、用土が少ないと土圧がかからず細長くなって、パイプの下部から出てしまうことがある。逆に硬く詰めすぎると、イモは太く短くなって、ジネンジョらしさがなくなる。

図3—7 土詰めされたパイプ
用土の乾燥と雨水を防げば早くから準備できる。パイプ上方の穴は適度な水分に調節し過湿を抑える

③パイプ溝掘りとパイプの埋め込み方

幅約二〇センチ、深さ五〇～六〇センチでパイプ埋設用の溝を掘り、ここに用土を詰めて用意しておいたパイプを図3—8のように角度を付けて埋設する。一本ごとにパイプを設置したらほ場の土を少し埋め戻し、次のパイプを設置していく。これを繰り

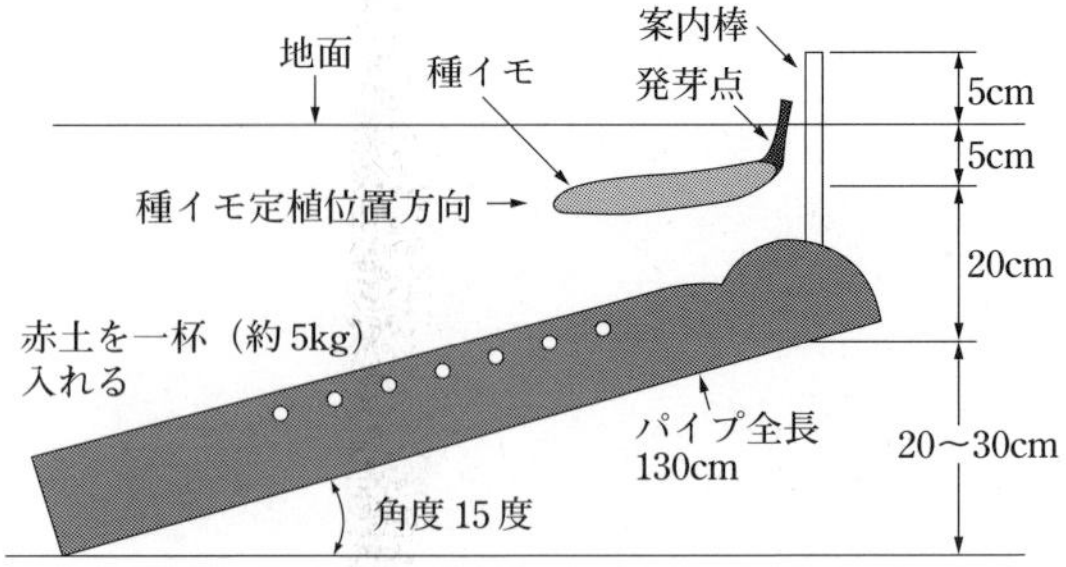

図3—8　パイプの埋め込みと定植の位置

返してうねをつくる。パイプの間隔は二五〜三〇センチとする（図3—9）。なお、麻ヒモやワラで縛ったまま埋め込んでも収穫時期には腐って消失しているので、解く手間は考えなくてよい。

溝掘りに小型の管理機を使うとパイプの埋め込みが簡易にできる。管理機は、一般に流通している歩行タイプの耕うん機でよく、土跳ね用の刃に取り換えればよい。土を跳ね飛ばしながら往復し、深さ三〇センチほどの溝をつくる。ここに一五度程度の角度でパイプを埋設する。溝の幅が広くなるのでパイプを二本ずつ横に並べて埋設することもできる（図3—10）。その場合密植栽培となるので、施肥量を増やしたり、病害虫防除の回数を増やすなど注意が必要となるが、栽培化は十分に可能である。

うね幅は一五〇〜一八〇センチとするが、転作田のような水はけの悪いほ場では広めにとって、うねを高くする。うねの長さは、長くしたほうが埋設作業は効率的であるが、水はけのことを考えた長さとする。

図3—9 埋め込みと株間

等間隔に埋め込んでいく

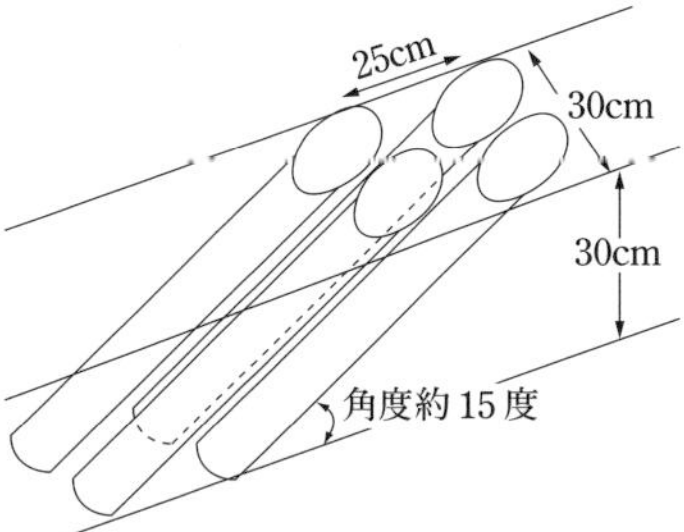

図3—10 パイプを二列にしての埋め込み

小型管理機を使えば，幅の広い溝が掘れるので，パイプを2列に並べて埋め込むことができる。本数が2倍になり，溝の深さが30cmほどと浅くても，互い違いに並べる必要がない

(4) 種イモの準備と定植

① 一年イモ種と切りイモ種の準備

種イモは、ムカゴから養成した「一年イモ」と、パイプなどで栽培した成品のイモを分割した「切りイモ」との二種類がある。それぞれの方法を述べる。

〈一年イモ種〉

①病気のない、一本の重さが四〇~五〇グラム以上のものを用いる。八〇グラムを超えるものは半分に切り二本の種イモとして使う。

②秋に枯れたツルのもとに定芽が形成されている。定芽が健全な場合は首部を切り捨てず、定芽を付けたまま催芽しないで定植する。定芽がパイプ開口部中央の真上に位置するように定植すれば、新生イモがパイプからはずれることはない。

③定芽が欠けていたり、首部が細長くて定植作業がしにくい場合は、この部分を切り落として催芽し、不定芽の位置を確認してから定植する。

〈切りイモ種〉

①形状の良い優良系統で、一本の重さが四〇〇~八〇〇グラムのイモが種イモに適する。さらに、

図3―11　種イモの消毒
バットなどを使いイモが消毒液に完全につかるようにする

ウイルス病に罹病していないほ場からのイモであることはもちろんのこと、イモの表面や切り口に腐敗などのないことを確認する。とくに青かび病は見落としやすいので注意したい。販売できなかった生育不良の小さなイモを絶対に種イモに使ってはならない。

②一個の重さが六〇～八〇グラムを目安に分割する。

〈種イモの消毒〉

①一年イモ、切りイモ種ともに殺菌剤（ベンレートT五〇〇倍液に一時間浸漬）で消毒する（図3―11）。

②切りイモ種の切り口には半乾きのときに殺菌剤を粉衣する。

③イモの表面や粉衣した切り口を半日ほど乾かしてから、催芽に移る。

②催芽方法―イネの育苗器を使うと簡単―

催芽は定植時期から逆算して一カ月前にはじめる。

催芽の目的　催芽の目的は、①イモに不定芽を形成させることで、新生イモが形成される位置を確認でき、パイプからはずれなくなること、②ビニールハウスなどで早く芽を出させるので、生育期間を長くできること、③芽が出て、腐りがない種イモだけを定植できるので、ほ場での欠株をなくせる、などである。

催芽床　催芽床に入れる資材は、肥料分がなく、適度の保水性と通気性があれば何でもよいが、川砂やオガクズが安価で手に入れやすくおすすめである。川砂を使う場合は、市販の育苗バット（深さ八～一〇センチ）に川砂を底から三分の一まで敷き、この上にイモを接触しないように並べ、さらに川砂を敷き詰め、川砂が十分に湿るようにかん水する（図3―12）。

オガクズでも川砂と同様にでき、さらに軽くて作業性もいい。注意点は、上からのかん水では吸水しないので、事前にオガクズをバケツなどに入れ、水をかけて十分に混ぜ合わせて、握ったときに水滴が出る程度に湿らせておいてから用いる（図3―13）。

温度管理　ビニールハウスで催芽する場合は、芽が催芽床からのぞいてくるまでは室温三〇℃、地温二五℃を目安に管理する。芽がのぞき始めたら徐々に外気にならし、定植の四～五日前になったらハウスのサイドや入り口を開放する（図3―14）。切りイモより一年イモのほうが、不定芽の形成や生育が早い。低温で管理すると発芽が遅れるばかりでなく、種イモが腐りやすくなる。

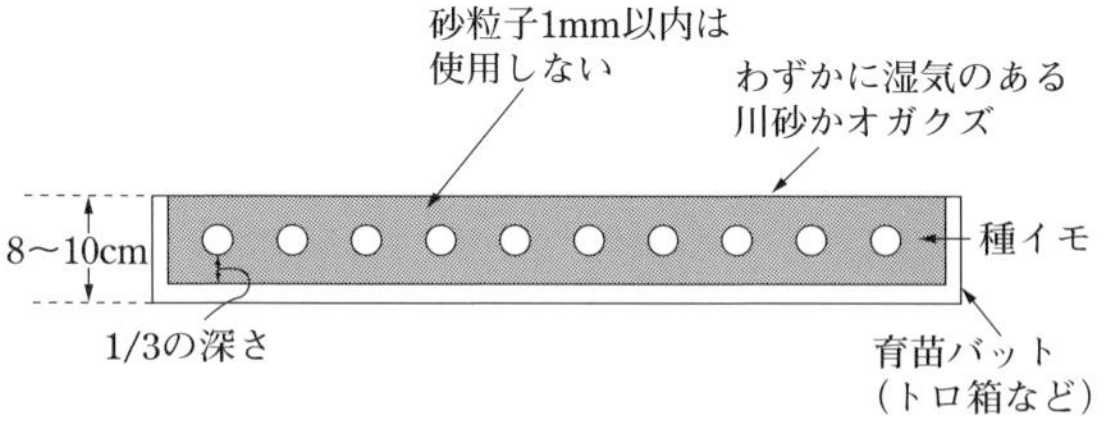

図3—12 催芽床の様子

種イモ表皮には適度に湿気を持たしておくこと。乾燥しすぎると不定芽の形成が遅れる

図3—13 オガクズ床での催芽

湿らせたオガクズの上に種イモ（1年イモ）を並べ，さらに湿らせたオガクズをかぶせる

図3―14　催芽の温度管理の目安

切りイモの場合は催芽処理開始から定植までの期間が10日前後長くなる

イネの育苗器を使うと温度管理の手間も省け短時間でより簡単にできる。育苗器内に種イモを伏せ込んだバットを入れ、三〇℃にセットする。一週間程度で不定芽が形成される。形成されているのが確認できたら育苗器からビニールハウスに移し、芽の伸長を図る。

かん水　催芽の失敗で一番多い原因は、かん水のしすぎである。花や野菜の種まきと同じように考えてかん水してはならない。イモは種子と違って適度な水分を持っており、かん水は催芽床が乾燥しない程度の湿り気を補ってやればよい。表面が乾いているように見えても、イモの周囲は適度な湿り気があることが多いので、催芽床を少し掘り、内部まで観察してから、かん水の判断をする。かん水が多いと催芽床の温度が上がりにくくなって、芽の形成や生育が遅れるばかりか、種イモが腐ったりする。

③遅霜の恐れがなくなってから定植

定植時期　栽培地域によって異なるが、四月末～五月初旬で遅霜の恐れがなくなってから定植する。定植が早すぎると、霜害にあったり、

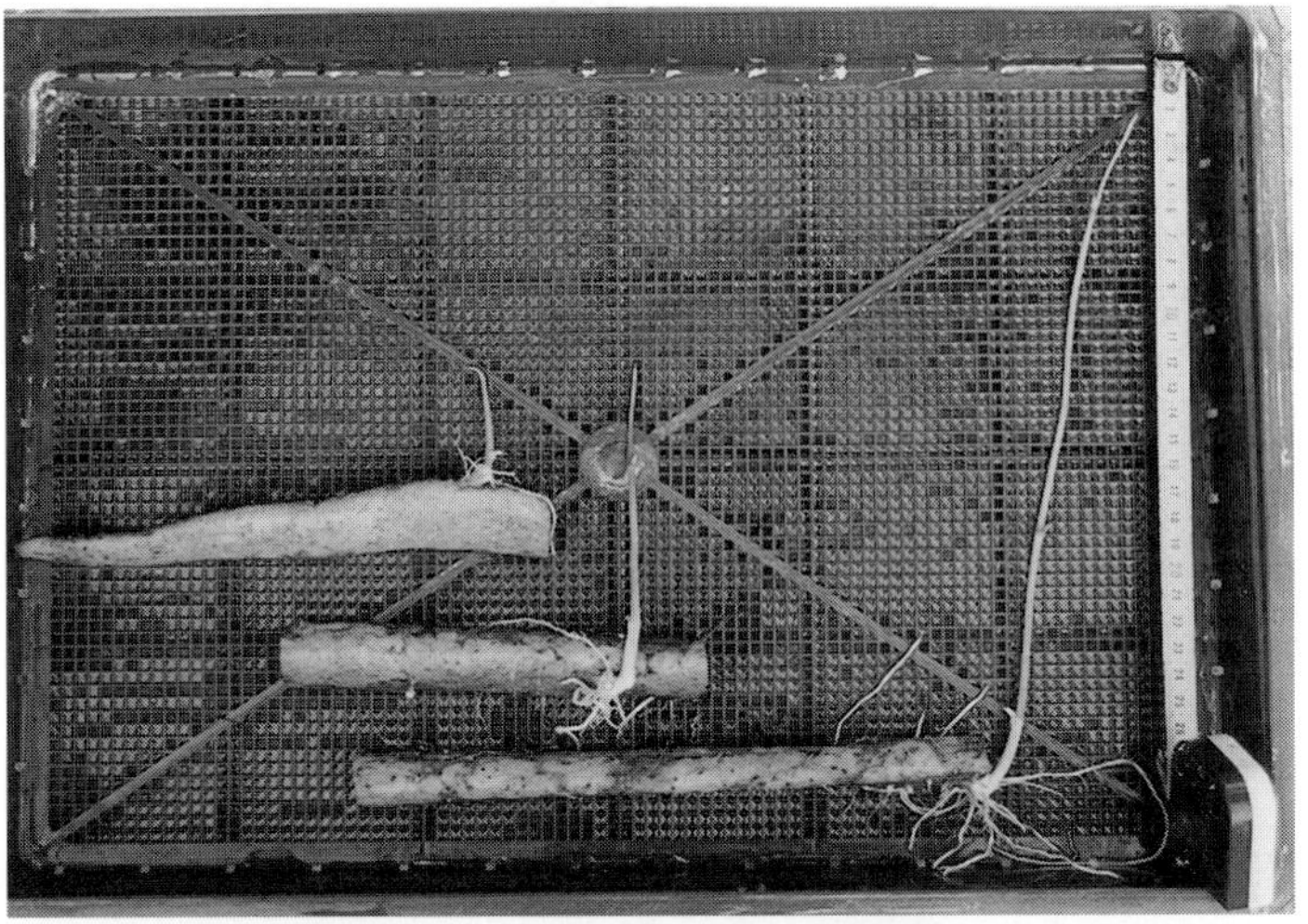

図3—15　芽が伸びはじめた種イモ
下の2個の種イモくらいの芽が伸びたものを定植すると，生育が早い

地温の上昇が十分でないため初期生育が遅れたりする。地温が一二℃程度になったら定植適期である。平坦地域で四月中旬、気温の低い山間地域で五月上中旬頃になる。

種イモからみた定植適期　不定芽が形成されて芽の位置が確認できればいつでも定植できるが、定植後の生育や定植時の作業性を考えると芽が一〇～二〇センチ程度に伸びたものが定植適期である（図3—15）。催芽床の上に芽が伸び出していないような短いものでは定植後の生育が遅い。また、三〇センチを超えて伸びたものは催芽床でツルや根が絡み、ツルを折ったり、根を切ったりしやすく、定植作業に手間取る。

定植方法　定植ではパイプ開口部の真上に

図3―16　定植の様子

パイプの上の土を少し横によせて，パイプ開口部の中心に芽がくるように種イモを配置していくだけなので，作業は楽にできる

芽がくるように種イモを置く（図3―16～20）。一年イモ種のような長い種イモはパイプに沿うように置く。

パイプ開口部と種イモとの間隔は一〇センチ程度とる。パイプと種イモがあまり近すぎると吸収根の一部がパイプの中に入り、肥料分が吸えなくなるため、イモの肥大が悪くなる（図3―21）。間隔をあけすぎると、新生イモがパイプからはずれやすくなる。

定植時の種イモには数個の芽が形成されていることが多いので、一番生育のよい芽を残して、ほかの芽はかき取る。残しておくと一本のパイプの中に新生イモが何本も形成され、商品価値がなくなってしまう。

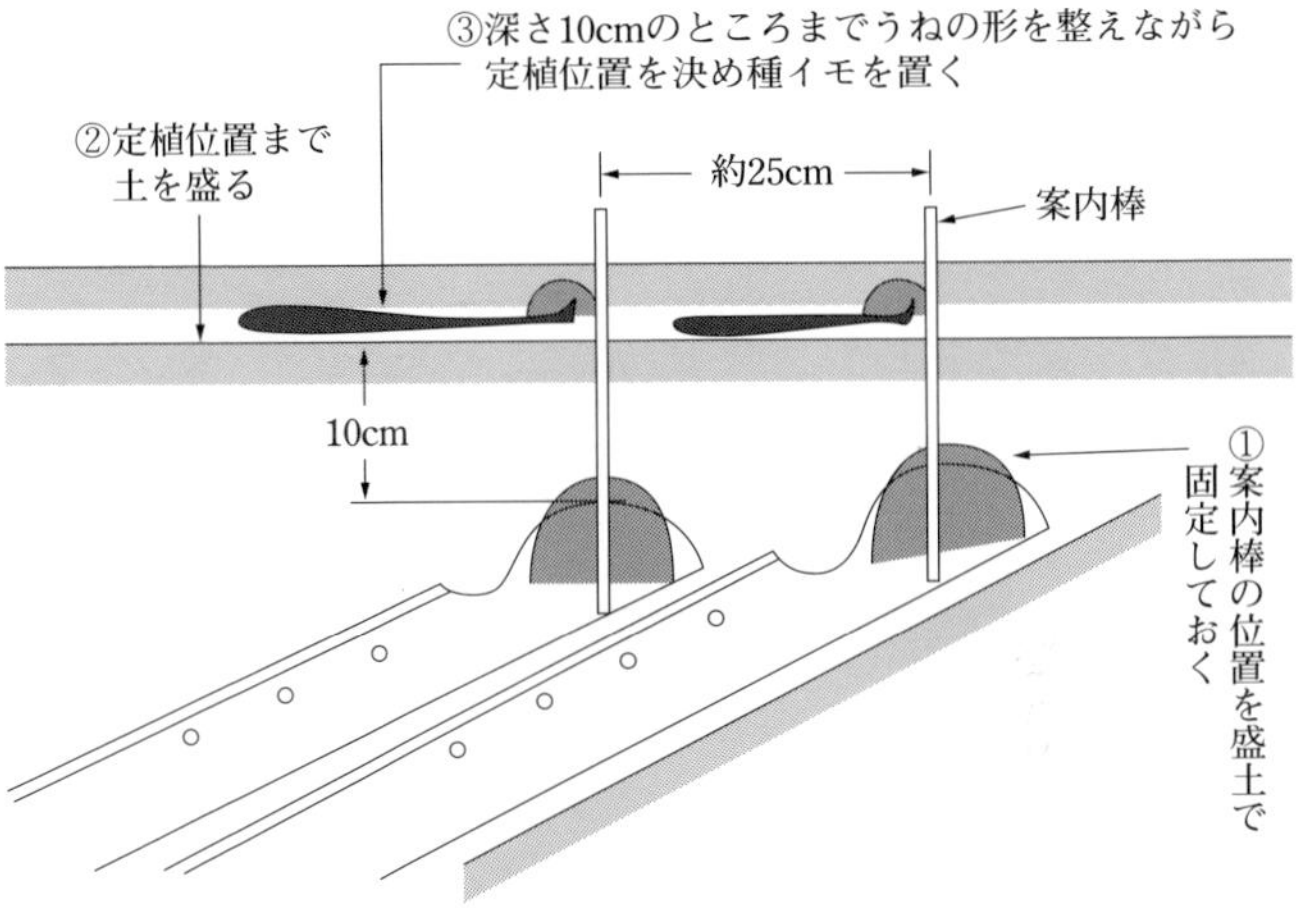
③深さ10cmのところまでうねの形を整えながら
定植位置を決め種イモを置く
②定植位置まで
土を盛る
約25cm
案内棒
10cm
①案内棒の位置を盛土で
固定しておく

図3—17　横から見た定植の様子

(『ジネンジョ』政田敏雄より)

案内棒に種イモの発芽点を添えるように置く。ふたにぎりくらいの軟らかい土を発芽点の上に置いて発芽点を固定し、そしてイモ全体に覆土する

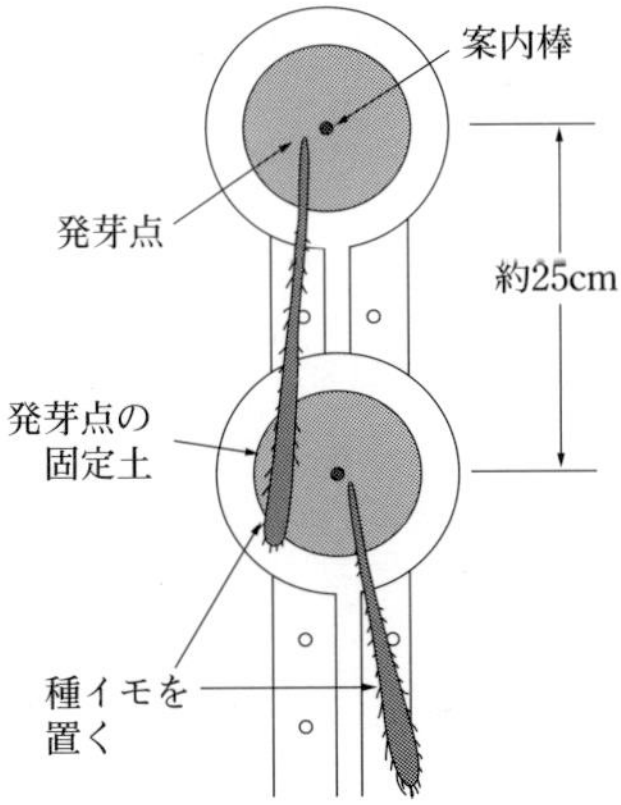
案内棒
発芽点
約25cm
発芽点の
固定土
種イモを
置く

図3—18　真上から見た定植の様子

(『ジネンジョ』政田敏雄より)

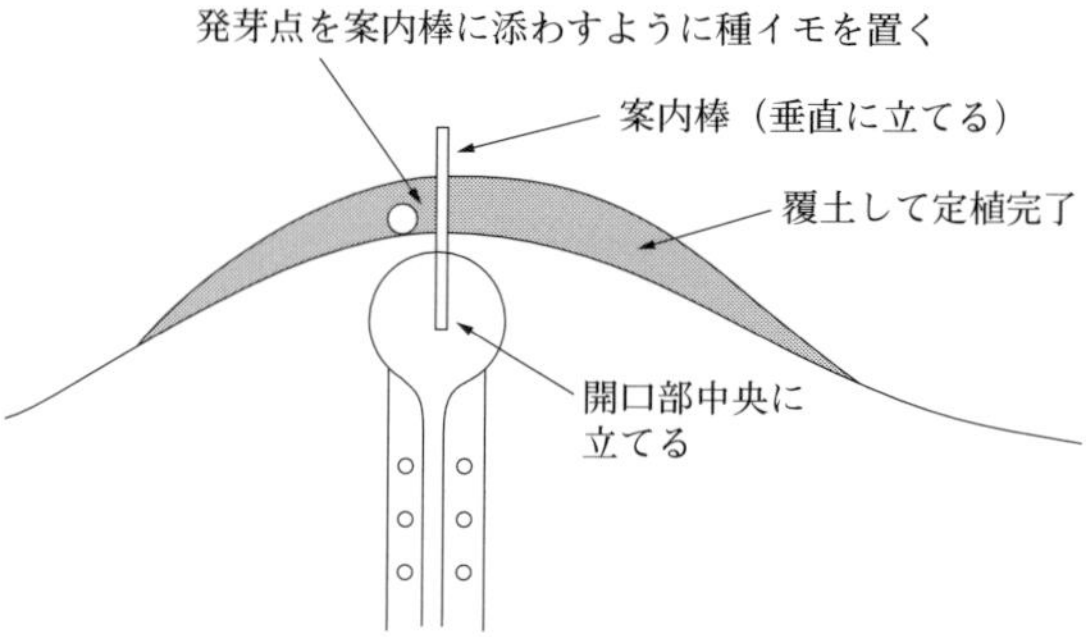
発芽点を案内棒に添わすように種イモを置く
案内棒（垂直に立てる）
覆土して定植完了
開口部中央に
立てる

図3－19　正面から見た定植の様子
（『ジネンジョ』政田敏雄より）

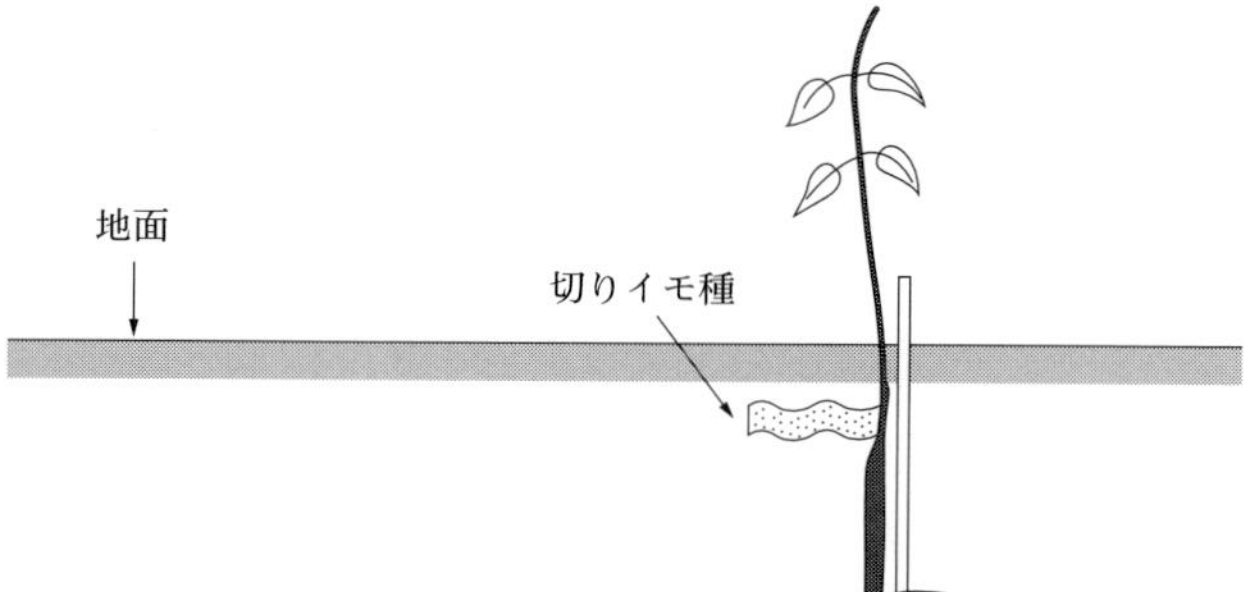
地面
切りイモ種

図3－20　切りイモ種の定植の様子
（『ジネンジョ』政田敏雄より）

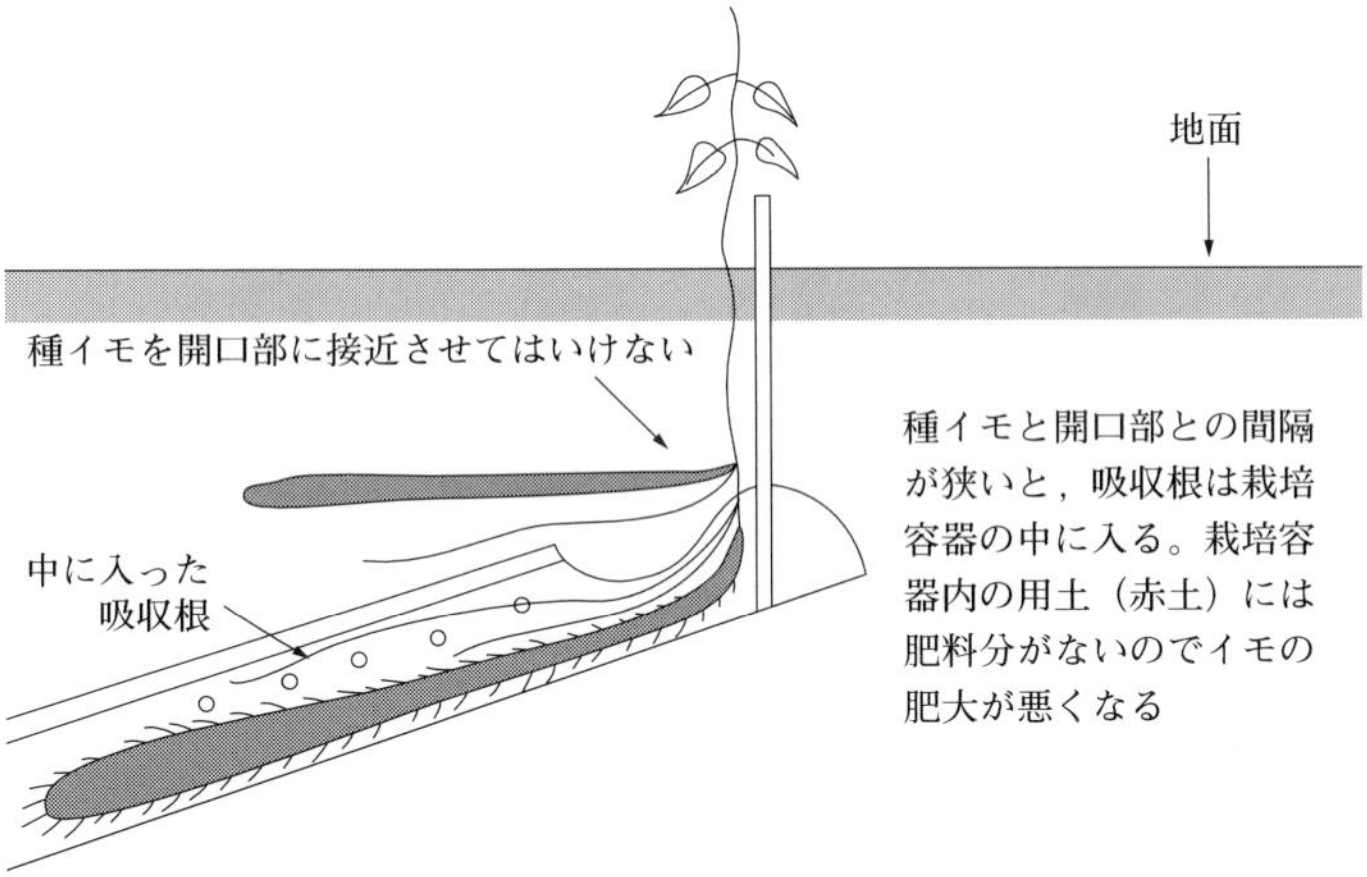
地面
種イモを開口部に接近させてはいけない
種イモと開口部との間隔が狭いと，吸収根は栽培容器の中に入る。栽培容器内の用土（赤土）には肥料分がないのでイモの肥大が悪くなる
中に入った
吸収根

図3−21　種イモと栽培容器の間隔を誤った定植

（『ジネンジョ』政田敏雄より）

(5) 本格的なマルチは梅雨明け前後から

各種マルチ資材を用いて、雑草の繁茂を抑え、土壌の乾燥と地温の上昇を防ぐ。敷きワラを使う場合は、定植後すぐに薄めに敷いて雑草を抑え、梅雨明け後に厚く敷いて土壌の乾燥と地温の上昇を防ぐ。

ポリマルチの場合は、あまり早くからマルチを敷くと吸収根が上根になり、盛夏期に高温障害などにより根傷みを引き起こすので、梅雨明け前に敷く。それまでは、除草剤を用い雑草を抑制する。シルバーポリか白黒ダブルのマルチを使う。

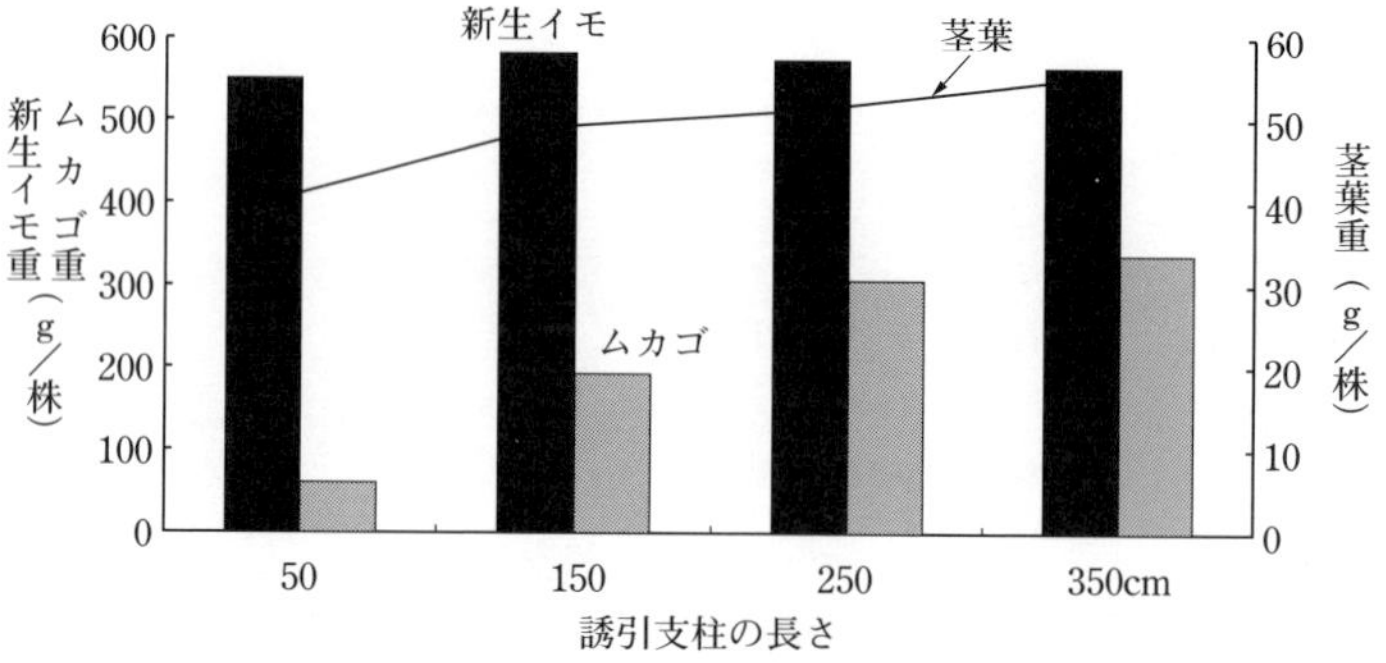

図3—22　誘引支柱の長さと地上部の生育および新生イモの肥大
（愛知農総試山間農業研究所）

(6)　ツルの誘引方法

①高く誘引してもイモの肥大に結びつかない

ツルを誘引するポイントは茎葉への日当たりと風通しをよくすることである。ジネンジョの栽培化が始められた頃は、茎葉を高く伸ばしたほうが葉への日当たりも良くなりイモの肥大によいと考えられ、競うように長い竹の支柱が設置されていた。支柱の長さと生育およびイモの肥大との関係について試験した結果、長くしても光合成量は増えるが収穫イモの重さは変わらなかった。支柱が長いと受光体勢がよくなり光合成量も多くなってイモがより肥大すると考えがちだが、実際には養分はイモに貯蔵されない。むしろムカゴのほうに貯蔵され、ムカゴの着生量が増える（図3—22）。

現在では省力的なキュウリネットを使った誘引方法が一般的となっている。栽培規模に応じていくつかの誘引方法があ

省力的に設置でき，強風にも強い

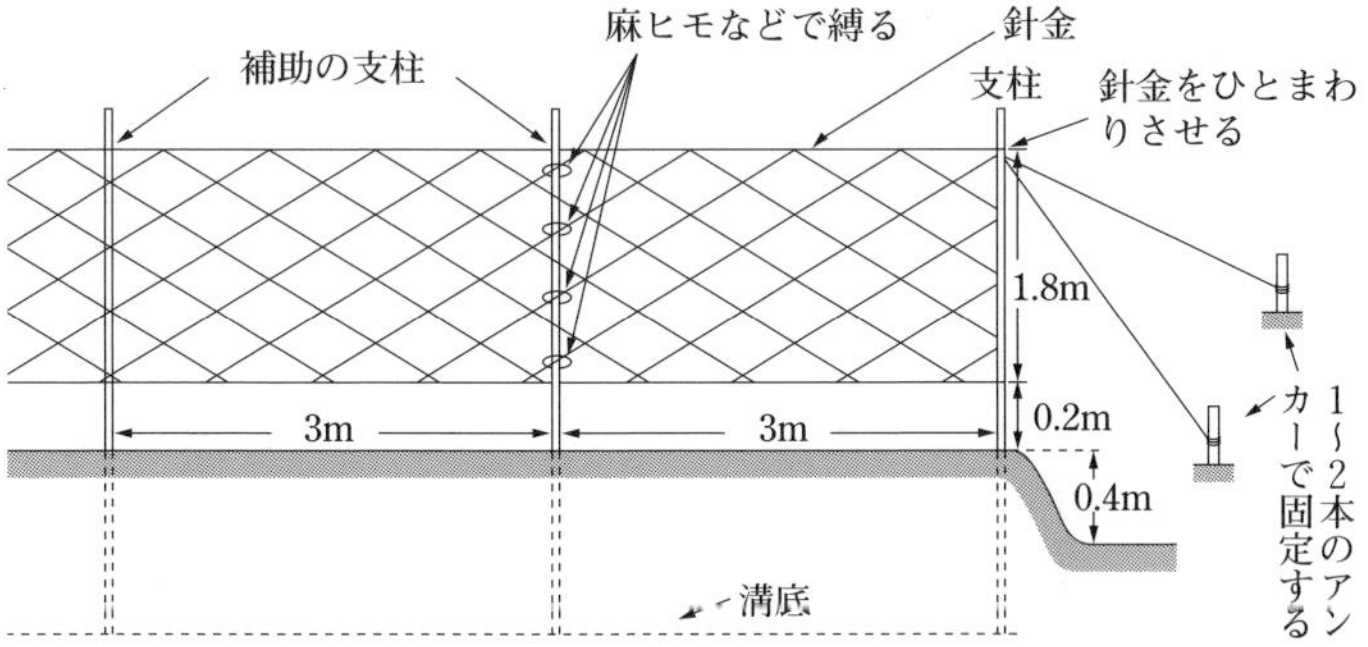

図3—23 誘引ネットの張り方

るので具体的な方法を説明する。

②ネット誘引は設置も楽で風にも強い

この誘引方法が現在もっとも多い。ネットは市販の長さ二〇メートル、幅一・八メートル、目合い三〇センチのキュウリネットが価格も安くて実用的である。ネットの張り方は、うねの両端に間伐材や太い竹などでつくった支柱を立てる。この支

図3—24　パイプフレームを使ったネット誘引
2うね同時に設置できて省力的で，フレームは10年くらい使える。両側や上部を直管パイプで渡して補強すれば強風でも耐えられる

柱の高さ二メートルのところに針金（二〜三ミリ）を張り、これにネットを通し、三メートル間隔で補助の支柱を立て、茎葉が繁茂してネットに重みが増したときの針金の支えと風によるネットの大きな揺れを防ぐ。省力的に設置できる（図3—23）。

③アーチ状フレームなら二うね同時に設置できる

金属パイプで高さ二メートル、幅一・五メートルのアーチ状のフレームをつくり、二〜三メートル間隔でうねにさし込み、うねの上に大きなカマボコ型のフレームの列をつくる。これに幅三・六メートルのキュウリネットをかぶせてツルを誘引する。金属パイプなど初期の資材費がかかるが、耐用年数も長く、設置もきわめて簡単なので二アール程度までの作付け規模に向く（図3—24）。

④竹の合掌組みは風に弱く手間もかかる

ジネンジョ栽培が始められた頃は、四〜五メートルの竹を合掌に組み、これにツルを絡ませる誘引方法が一般的であった。しかし、台風で倒れたり、二〜三年で竹が腐るなど問題点が多く、また長い竹の支柱を地面にさし込む作業は手間と労力がかかる。現在では、小面積での栽培や、近くに竹藪があって手軽に竹が入手できる場合などに行なわれている（図3—25）。

図3−25　竹を使った合掌誘引
設置には手間と労力が必要となる

(7)　施肥管理

①　一〇アール当たり窒素二五〜三〇キロが目安

肥培管理は、収量目標などによって異なる。ジネンジョらしいイモの形や粘りの強さを備え高値販売を期待できるイモとして、一本の重さ五〇〇〜六〇〇グラムを目標としたい。一〇アール当たりの収量では一〜一・二トンとなる。このためには、窒素成分量で一〇アール当たり二五〜三〇キロ施用する必要がある。

イモの肥大を期待して窒素成分量で三五〜四〇キロも施用する生産者も見られるが、粘りや香りなどのジネンジョ本来

表3－4　窒素施用量とイモの品質

（愛知農総試山間農業研究所）

窒素施用量（kg/10a）	粘り（分／秒）	色	変色	香り	水分（%）
15	3：10	白	無	5	77.1
20	2：35	白	無	5	78.3
25	2：50	白	無	5	79.7
30	2：00	白	無	4	76.8
35	40	白	無	4	77.4

注）フードプロセッサーですり下ろし，等量の水を加えて攪拌し，調査試料とした
粘り：内径6mmのガラス管を1m流下するのに要した時間
色：試料調整時点での色
変色：調製24時間後の肉眼観察
香り：調製20分後の官能テスト（1：弱～5：強）
水分：切片10gを70℃で24時間乾燥

の品質が損なわれるのでやめたほうがよい（表3―4）。施用の仕方によっては、かえって根焼けを起こしたり、パイプ内に肥料分が流入して、イモに障害を引き起こしたりする。窒素以外のリン酸やカリ成分の必要量は明らかではないが、窒素成分量と同じ程度とすれば問題ない。

施肥時期によってイモの肥大に違いがでてくる。一年イモの肥大経過を明らかにするため、九月四日から二週間の間隔で十一月中旬まで五株ずつ掘り取り、イモの重さと長さを調べた。その結果、イモの肥大は九月中旬から十月上旬にかけての平均気温が二〇℃を下回り、日長が一二時間以下となる時期に急速に進む。このため、この時期に肥料が効くような肥培管理が必要となる（図3―26）。

施用の仕方には表3―5に紹介する方法などがある。それぞれの栽培方法に応じて選択するとよい。なお、施肥量は窒素成分量三〇キロを上限とする。

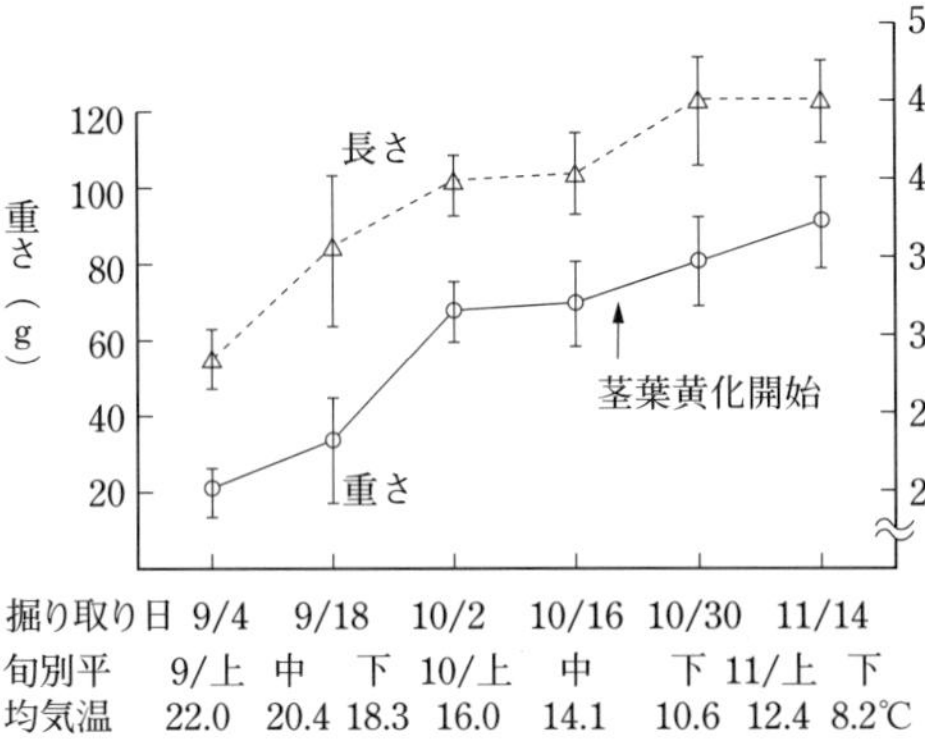

図3―26　1年イモの肥大経過
（愛知農総試山間農業研究所）

9月18日～10月2日の14日間で，約35g，約8cm肥大している。また，茎葉黄化以降も肥大している

②ロング肥料で全量元肥施用

ロング肥料を用いて全量一回で省力的に施用する方法である（表3―5①）。ポリマルチなどを用いる場合は追肥がしにくいので、全量元肥施用がよい。うね立て時に施用する。溶出タイプは一四〇日のものを用いる。土壌水分や地温の影響を受けて溶出期間が変わっても安定した生育が得られるように、作付け前には堆肥投入などにより地力の向上に努める。

③化成肥料なら元肥＋追肥で

半量を元肥で施用し、生育を見ながら数回に分けて追肥する（表3―5②）。元肥として定植一カ月後にうねの肩から下にかけて半量を施用し、土寄せする。残りの半量を茎葉の生育状況を見ながら八月上旬頃と九月上旬頃の二回に分けて施用する。肥料は有機入り化成肥料（8―8―8）などを用いると肥効が緩やかで根焼けなどの心配がない。追肥の時期には敷きワラがされているが、この上か

表３－５　全量元肥と元肥＋追肥の施肥例

①ロング肥料（全量元肥）

肥　料　名	全　量	元　肥
完熟堆肥	5,000	5,000
苦土石灰	200	200
スーパーロング 140 日（14 － 12 － 14）	200	200

注）施用成分量（肥料のみ）**N：28kg**，P：24kg，K：28kg

②化成肥料（元肥＋追肥）

kg/10a 当たり（2,000 本）

肥　料　名	全　量	元　肥	追　肥	
			8 月上	9 月上
完熟堆肥	5,000	5,000		
苦土石灰	200	200		
ゆうき JA801（8 － 8 － 8）	320	160	80	80

注）施用成分量（肥料のみ）**N：25.6kg**，P：25.6kg，K：25.6kg

ら降る。かん水や降雨で溶け、肥効が現われる。

④全量有機質肥料は値段が問題

品質にこだわった産地では鶏糞、油粕、魚粉、特殊な発酵肥料などを用いて、化学肥料をいっさい使わない栽培を行なっているところもある。肥料代がもっとも高くつくので、販売価格で評価されないと取り組みづらい。

(8)　その他の栽培のポイント

①ムカゴを取るとイモの肥大が良好に

ムカゴは腋芽が変化したもので、植物形態学的には栄養芽と定義される。イモが地下部の貯蔵器官であるのに対し、ムカゴは地上部の貯蔵器官である。これを取り除くことにより、ムカゴに貯蔵される同化産物を地下部のイモに移行させることができることが試験結果からわかった。ムカゴの肥大途中である九月下旬と十月中旬の二回取り除き、ムカゴの肥大の終了した十一月二日にツルを片づけ、イモの収穫調査を行なった。その結果、イモの重さはムカゴを取らずに放任したものに比べ約一・三倍となった（表3—6）。この試験ではムカゴがかなり肥大してから除去したが、着生し始めたら肥大する前にこまめに取り除くと、さらにイモの肥大効果が高い。ツルをネットで垂直に誘引している場合は、ムカゴを落とす作業はそれほど労力を要しない。

②ウイルスフリーの種イモの肥大性を活かす

ジネンジョ栽培でもっとも経費がかかるのが、栽培容器代と種イモ代である。栽培容器は数年は使用でき、あとは破損した分を順次更新すればよいので、導入初年度以降はそれほど大きな出費にならない。

しかし、種イモは毎年更新したほうがよいので、種イモ代のほうが負担が大きい。このため、大規模生産者は自分で種イモ養成を行なったり、生産部会で組織活動している産地では共同育苗しているところも多い。いずれにしても、種イモ確保にかかる経費を低く抑えるためには、できるだけ小さな種イモで成品のイモが生産できることが望ましい。

表3—6　ムカゴの除去とイモの肥大

（愛知農総試山間農業研究所）

区　分	ムカゴ重量 (g)	イモの重さ (g)	長さ (cm)	太さ (mm)
ムカゴ除去	224（除去したものの総量）	529	112	34
無処理	275（収穫時に採集した総量）	420	111	31

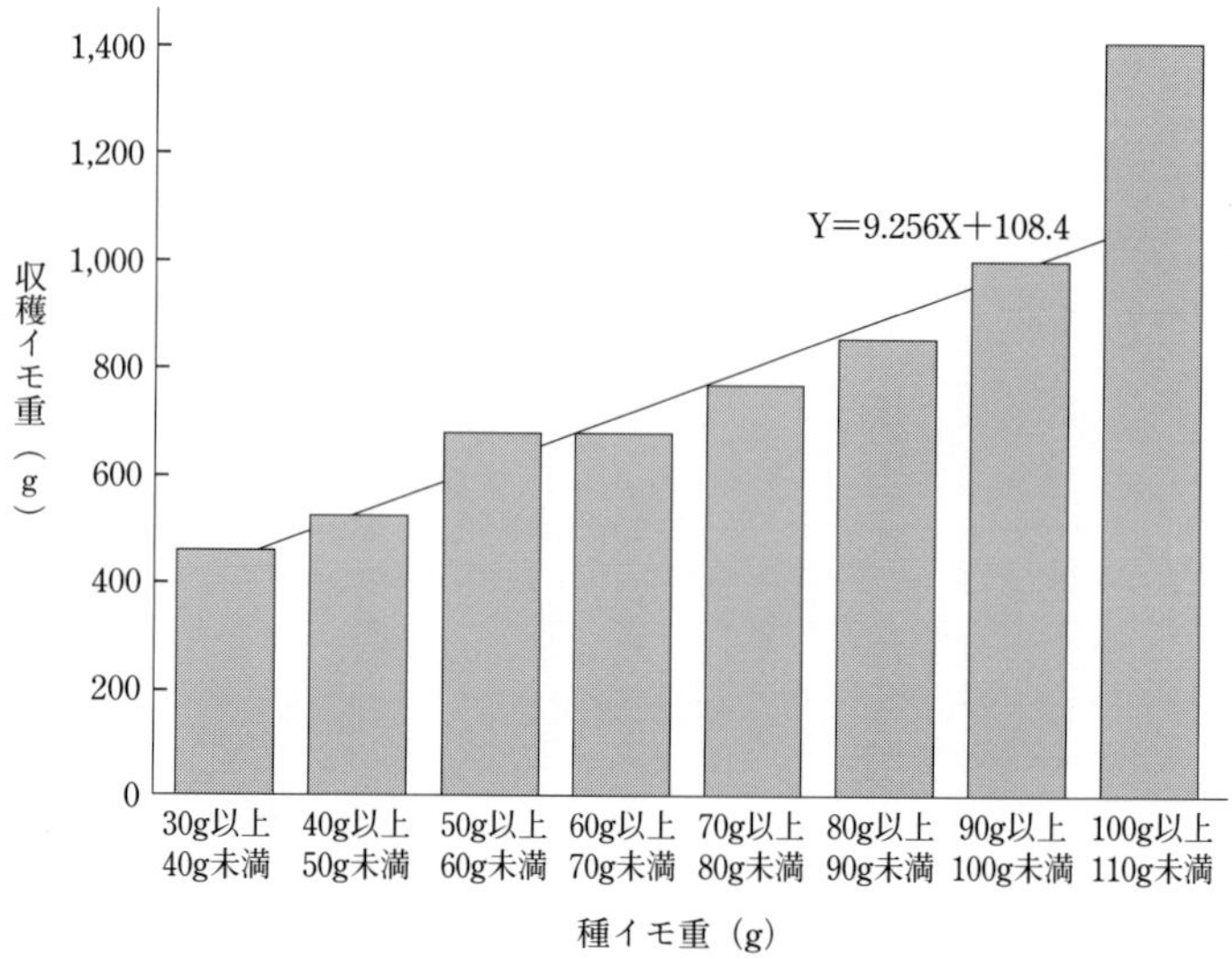

図3―27　ウイルスフリーの1年イモ種の重さと収穫イモの重さ

（愛知農総試山間農業研究所）

目標としたい500～600gのイモを収穫するには，50～60gの種イモを使えばよい

　ウイルスフリーの一年イモを使って、種イモの重さと新生イモの関係を試験した。その結果、種イモを重くすると新生イモも重くなった。種イモの重さの約一〇倍の新生イモが得られる。五〇グラムの種イモから五〇〇グラムのイモが収穫できる（図3―27）。しかし、ウイルス病にかかった種イモでは四～五倍にしか肥大しないので、このような関係は当てはまらない。ウイルスフリーの一年イモ種の肥大性の高さという優れた特性を活かして、効率的な生産につなげていきたい。

(9) 病害虫防除の要点

個々の病害虫の防除については103ページから詳しく述べるが、ジネンジョの病害虫防除の要点をまとめると、次のようになる。

①生育の初期から定期防除に努め、病害虫の発生を予防する。

②生育後半からは、誘引した茎葉の上部が過繁茂になり、病害虫が発生しやすいので、こうしたところに薬剤を多めに散布する。

③台風や夕立などで葉や茎に傷がつき、土はねとともに炭そ病菌などが侵入しやすいので、翌日には多めの薬剤予防散布をする。

④気温が高い時期に殺菌剤、殺虫剤を混用散布しても薬害はでない。

(10) 収穫期間は十一月中下旬から三月まで

収穫は茎葉が枯れ上がってから行なう(図3―28)。茎葉が枯れ上がっていない時期に収穫すると、アクが強く残っているので、すり下ろしたときに変色する。また、イモの水分が高くて、しおれやすく粘りも落ちる。秋早くからのイベントで販売するために、収穫を早めたい場合は、敷きワラや

①茎葉が枯れ上がったら，誘引資材を片付け，うねをくずす

③パイプを引き抜いたら，イモを傷つけないように注意して，パイプを開いて取り出す

②うねをくずしてパイプが見えるようになったら，端（手前）から順に引き抜く

図3－28　掘り取りの手順

ポリマルチを取り除くとよい。地温が早く下がり、土壌も乾燥して、イモの充実が早まる。

収穫は、茎葉が枯れ上がる十一月中下旬から翌年の三月までできる。ほ場での貯蔵性が高いので、販売に応じて掘り取る。収穫後は、半日ほど日に干し、イモの表皮を傷つけないように柔らかい刷毛などで土を落とす。

業務用向けなど長期に貯蔵する場合は遅い時期の収穫がよい。イモの水分が低下し充実が進み、貯蔵性がよくなるためである。

4、病害虫防除と獣害対策

(1) ウイルス病

病原ウイルスと病徴　ジネンジョに感染する病原ウイルスはヤマノイモモザイクウイルスである。このウイルスに感染すると、葉に濃緑色と淡緑色のモザイク模様があらわれる。日光で透かしてみると退緑色のムラになっているのがよくわかる。症状がひどくなると、葉が縮れたり、ツルの伸びが悪くなる(図3―29)。秋の枯れ上がりも早く、イモの肥大が悪くなる。

図3—29　ウイルス病の株
草勢が低下してツルの伸びが悪くなる

防除方法　ウイルス病にかかっていない種イモに更新する。ほ場ではアブラムシによって汁液伝染するので感染防止の目的で、アブラムシの定期的な防除に努める。アブラムシの発生は春と秋にピークがあるのでこの時期に感染しないように努める。

(2)　炭そ病

病徴　梅雨頃から発生が始まり、八月中旬から秋にかけての肥大期に激発する。炭そ病で早期にツルが枯れ上がった場合、肥大はきわめて悪くなる。病徴は茎や葉に現われる。葉には、表面に褐色の小さな斑点ができ、これが拡大して黒褐色の大きな病斑となる（図3—30）。茎には褐色の病斑ができ、黒褐色に変わり広がる。茎の表皮から通道組織内へ病気が進むと急速に枯れ上がる。肥料切れなどによって草勢が低下すると発病しやすい。

防除方法　茎葉が繁茂し始めたら定期的に予防散布を行なう。盛夏がすぎた頃からは茎葉の繁茂も最大になっているので、薬液量を多めにしてまんべんなく液がかかるようにする。とくに台風や雷雨

図3−30 葉の炭そ病徴
葉は黄化し，黒褐色の病斑が出る

の後では茎や葉についた土はねを洗い流すように散布する。薬剤はダコニール、ラビライトなどが有効である。

(3) 葉渋病

病徴 ナガイモ、イチョウイモでは激発し枯死することもある重要病害であるが、ジネンジョでは発病しても枯死するまでには至らない。葉身部のほか、葉柄や茎にも発病する。葉身部の場合は表面に白い粉を吹いたような状態となる。病勢が激しいときには柔らかな新梢が奇形化し糸葉状になる。雨が多く、風通しの悪いほ場で発生する。

防除方法 炭そ病と同じ薬剤で防除効果があるため、定期的な予防散布を行なっていれば、葉渋病のための防除は必要ない。

図3−31　炭そ病が激発したほ場
ほ場全体の株が早く枯れ上がりイモの肥大不良となる

(4) 褐色腐敗病

病徴　ナガイモやヤマトイモ栽培では重要病害であるが、毎年栽培容器内の用土を更新するジネンジョ栽培では大きな被害は見られない。ただし連作ほ場や排水の悪いほ場では、栽培容器内への雨水などの流入によってイモが感染し発病することもある。

主に地下部のイモを侵し、表面に楕円形の陥没病斑ができたり黒褐変して奇形になる症状がある。この症状は、イモの中間部が侵されて腐敗消失するため、まっすぐ伸びられず、被害部より多くの分岐根を生じるためである。

防除方法　土壌中に生き残った胞子による土壌伝染と、保菌種イモからの感染とがある。発生の多いほ場では、水はけをよくし、栽培容器内に雨水などを流入させないようにうねをつくる。また種イモ消毒を必ず行なう。

(5) 青かび病

病徴　土壌中に病原菌が存在して、イモの傷や昆虫などの食痕から感染する。イモの表面が暗褐色となり、内部まで黄褐色の腐敗部が広がる（図3—32）。病斑の表面や内部の亀裂部分に青緑色のかびを生じる。生育中には発病せず、収穫後の箱詰め販売後や貯蔵中に発病することが多い。販売後、消費者の手元で腐敗が広がってクレームとなることもあるので、出荷時にわずかな病徴でも見逃さないように注意する。

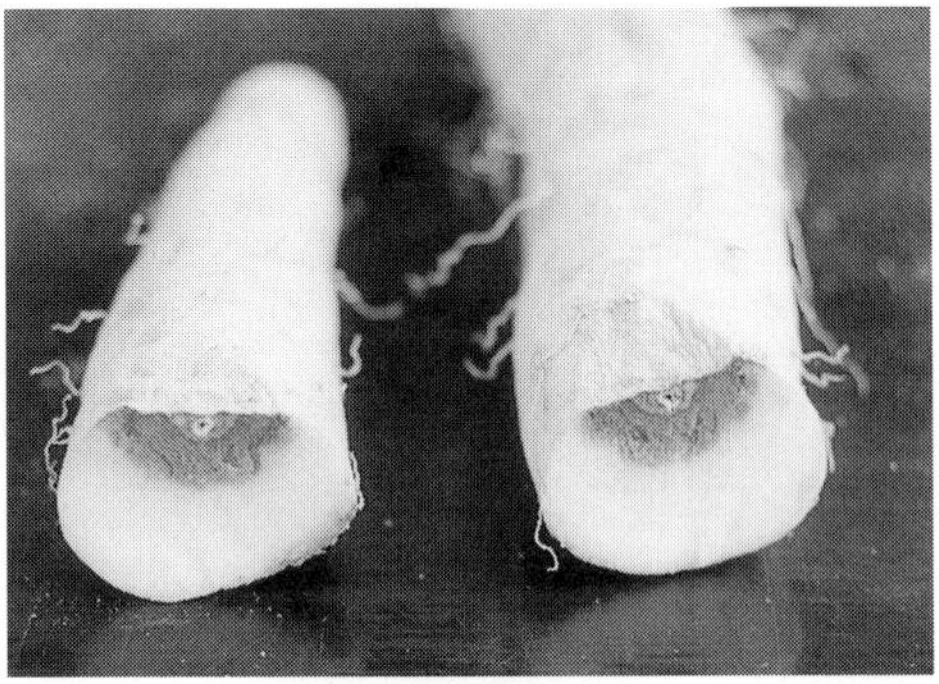

図3—32　青かび病
イモの内部にまで腐敗が広がる

防除方法　土壌から感染するので無菌の用土を用い、前年使った栽培用器は、よく水洗いして土を残さないようにする。

(6) ネコブセンチュウ

被害状況　体長一ミリ程度で、イモの表皮組織に侵入しコブをつくる（図3—33）。栽培用器を用いた栽培では、栽培容器周辺の作土から容器の開口部より侵入するため、イモの首部にコブができることが多い。中段部分まで加害されると商品価値がなくなるが、首部だけの場合は被害部のみを切り落として販売できる。連作や排水不良によりセンチュウ密度が高まり、被害が増える。

防除方法　くん蒸剤はD—Dやクロルピクリン剤が効果が高い。簡易にはバイデード粒剤、ネマトリン粒剤のうね処理も有効である。最近ではセンチュウ類の拮抗植物であるマリーゴールドをジネンジョと混植して防除する例もあるが、薬剤に比べると効果は落ちる。

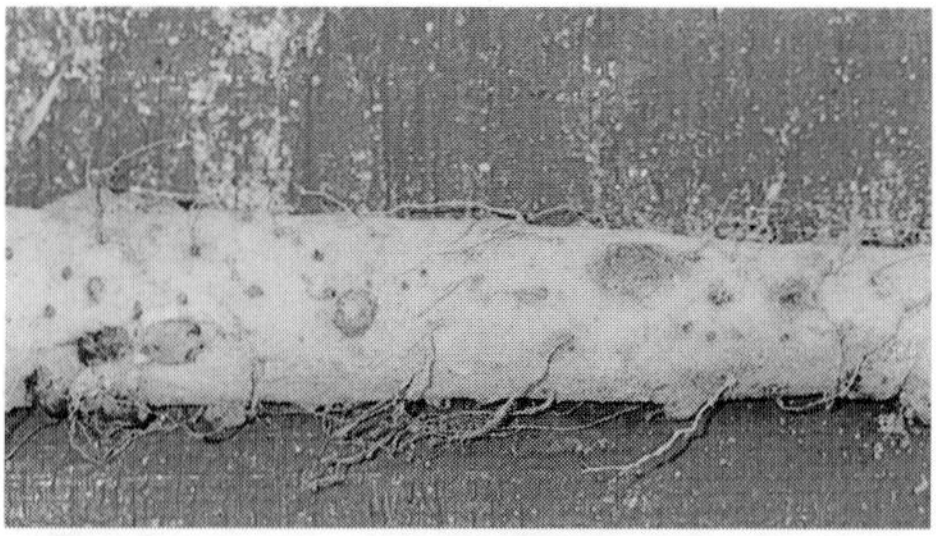

図3—33　ネコブセンチュウに加害されたイモ
表皮にコブが生じる。湿気の多いほ場で発生しやすい

(7)　アブラムシ

被害状況　葉裏や柔らかい茎に寄生し、吸汁する。これによる草勢低下などの直接的な被害はほとんど見られないが、ウイルス病を媒介するので網室などの種イモ養成専用ほ場では、発生しないように定期的な防除が必要である。

防除方法　トレボン乳剤、DDVP乳剤などを用いて、葉裏まで薬剤がかかるようにていねいに散布する。

(8) ハダニ

被害状況　葉裏に寄生し、吸汁により草勢低下をきたす。梅雨明け後の、ほ場が乾燥する時期に発生が多い。初期の被害は葉の表面に点々とかすり状の小さな白い斑点が現われ、さらに進行すると黄化し、落葉する（図3—34）。

高齢者には肉眼ではハダニを確認しにくいので被害が広がってから気付くことが多い。被害が広がってからでは防除がむずかしいので、虫眼鏡で異常葉の葉裏をよく観察し、早期の発見と防除に努める。

防除方法　ニッソランV乳剤などを用いて、葉裏まで薬剤がかかるようにていねいに散布する。

図3—34　ハダニに加害された葉
葉全体がすすけたような黄色になる

(9) ヤマノイモハムシ

被害状況 越冬した成虫が六～七月ごろ飛来して、ツルの先端の柔らかい部分を食害する。とくに六月頃ツルが急速に伸張し始めるときに先端部を食害するため、ツルの生育が遅れる。成虫は体長六ミリほどで、頭部が赤く、体は赤藍色のきれいな甲虫である。幼虫は八～九月に葉裏に寄生して食害するが被害はそれほど大きくない。

防除方法 トレボン乳剤、DDVP乳剤、アディオン乳剤などを用いて薬剤防除する。

図3－35 ヤマノイモコガによる葉の食害
葉肉を食害され白く透けたようになり、やがて穴をあける。過繁茂になると，薬剤がかかりにくくなり大発生しやすい

(10) ヤマノイモコガ

被害状況 五～六月にツルの先端部分が黒褐色になって枯れ、生育が遅れる。この部分を虫眼鏡で注意深く観察すると、幼葉と新芽が網目状に食害されており、中に体長五ミリほどの白い幼虫が見られることが多

い。七月以降は展開した葉の裏に寄生して、表皮だけを残して葉肉を食害するので、食害された部分は白く透けてみえる（図3—35）。成虫は体長四ミリほどの小さな暗褐色の蛾で、発生が多いときにはツルをゆすると飛び出してくる。蛹は葉裏に網目状のまゆをつくる。年に四～五回の発生を繰り返す。

防除方法　トレボン乳剤、ＤＤＶＰ乳剤などを用いて、葉裏まで薬剤がかかるようにていねいに散布する。

(11)　コガネムシ類

被害状況　コガネムシの幼虫が栽培用器内に入り込みイモを食害し、イモの表面が黒くなったり凹

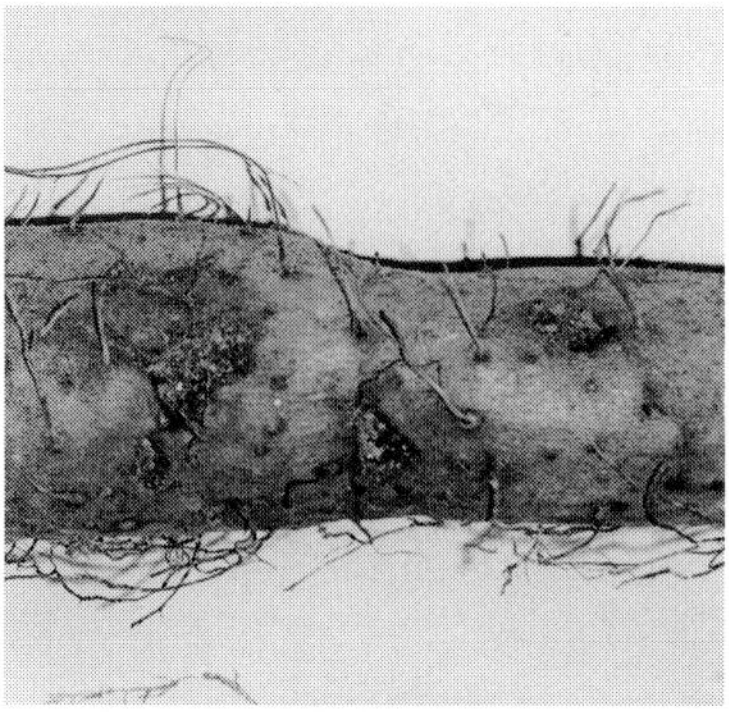

図3—36　コガネムシ幼虫による イモの加害

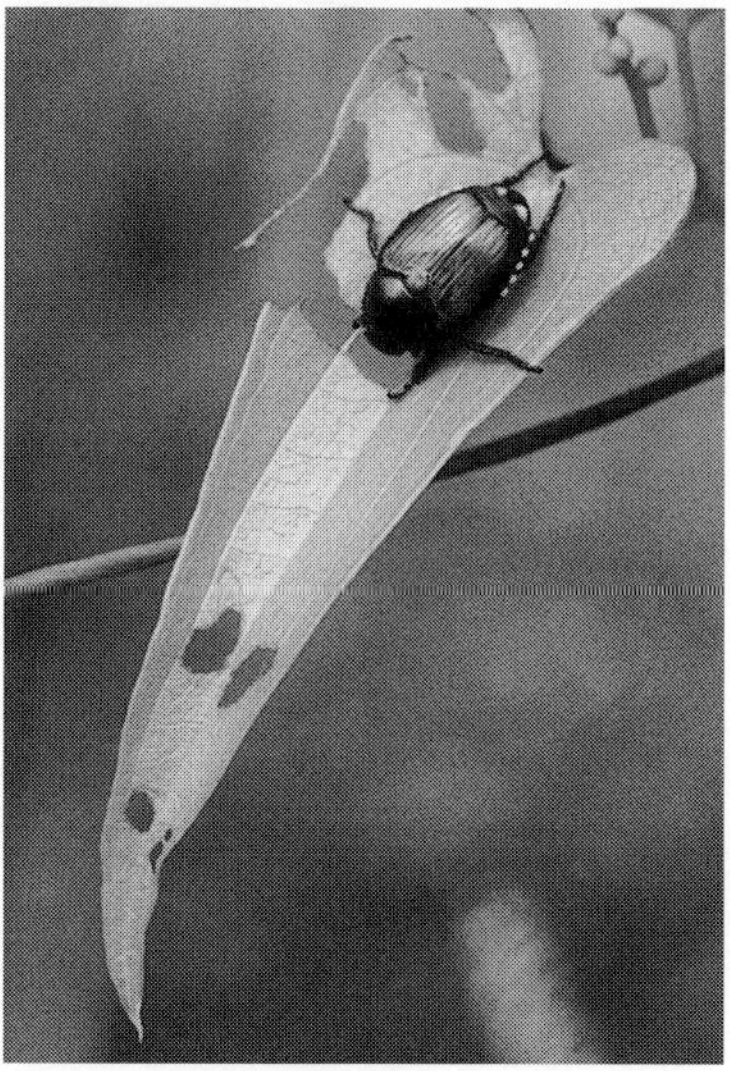

図3—37　コガネムシ成虫による 葉の食害

草勢低下を招く

凸ができたりする。堆肥や有機質肥料を多用すると発生が多くなる。成虫は葉を食害し、食害部が多いと草勢低下をきたす（図3―36・37）。

防除方法　幼虫対策には土寄せするときにカルホス微粒剤、バイゼット粒剤を用いて土壌混和処理をする。成虫にはバイゼット乳剤の散布処理をする。

(12) イノシシ

被害状況　ジネンジョ栽培で近年もっとも被害が多いのが、イノシシ害である。日本全国の中山間地域ではイノシシによる農産物被害が増えているが、なかでもジネンジョは好物らしく被害が多い。夜現われて牙で栽培容器ごと掘り起こし、容器を破ってなかのイモを食べる（図3―38）。このためイモと容器の両方の被害となり、損害は甚大である。八月以降のイモの肥大が進んだ時期が多いが、なかには春定植したばかりの種イモを食べられ

図3―38　イノシシ被害
パイプを掘り上げ破り、イモを食べる

てしまった例もある。

対策　この被害を防ぐため栽培ほ場の周囲に五〇センチ程度の高さにトタン板を張り巡らせるか、あるいは電牧柵を設置したりして、イノシシのほ場内への侵入を防ぐ（図3—39）。

図3－39　トタン板を使ったイノシシ対策
高さ50cmのトタン板をつなげて，ほ場を囲む。両側から棒ではさんで固定する

5、生理障害

(1) 高温・乾燥害

吸収根は深さ五～一〇センチの地表近くを横に広がって生育する。このため土壌の乾燥や高温の影響を受けやすい。とくに平坦地域の栽培では降雨が少なく、夏期の高温乾燥の影響を受けると作柄が不安定になることもある。

①症状

○イモの肥大が悪くなり、細長くなる。

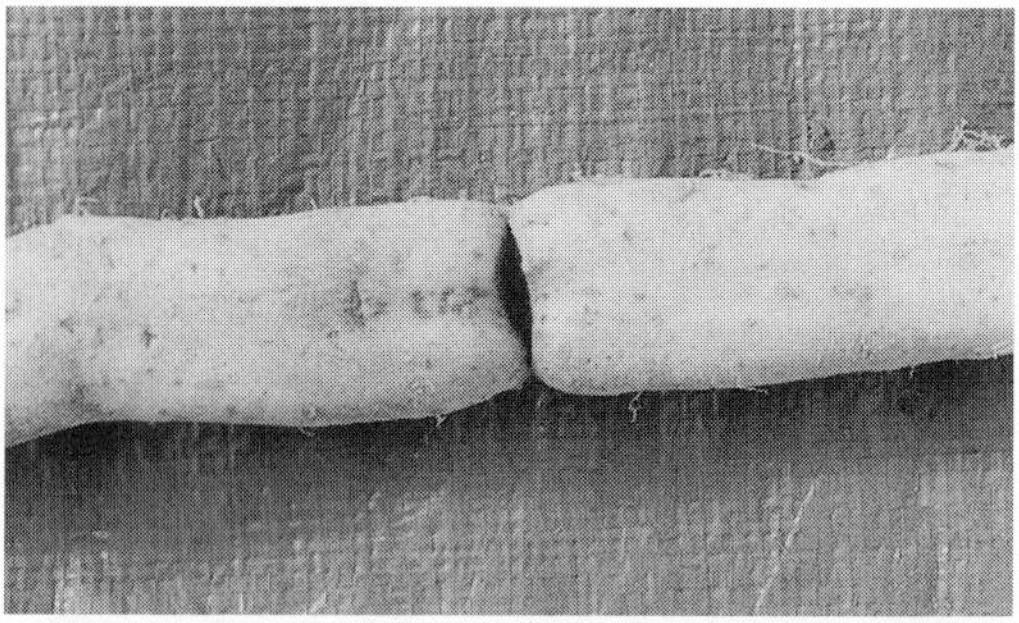

図3―40　土壌の乾燥と高温により発生した亀裂
裏面に発生する

図3―41　タタミの表部を使った乾燥・高温対策
気温の高い平坦地での栽培では，こうした方法も効果が高い

○吸収根が根傷みを起こし、このため養水分の吸収が一時的に止まり、イモの生育が停止する。このときイモの横方向に亀裂ができる。この亀裂はイモの裏面にできるが、深いと出荷調整時に折れたりするので問題となる（図3―40）。

○栽培容器内の用土まで乾燥すると、イモから発生しているひげ根が長く伸び、細くて「毛むくじゃら」のイモになる。見た目が悪く、商品価値が下がるため、手袋などをしてむしり取る。

②対策

○梅雨明け後から、晴天が続いた時はかん水する。かん水は、うねの肩からうね間にかけて行ない、株元にはパイプの中に水が流入するので行なわない。

○高温乾燥を防ぐため、ワラや刈り草などを使って敷きワラ、敷き草をする。あるいは、平坦地ではシルバーポリマルチやタタミの表部（図3—41）を、中山間地では白黒ダブルマルチの白面を表にして、敷く。梅雨明け後に行なうようにし、あまり早くから敷き草やマルチをすると吸収根がさらに浅くなり、盛夏時にかえって高温害を受けやすくなる。

図3—42 湿害のイモ
尻部が腐って消失している

(2) 湿害

吸収根は地表近いため湿害は受けにくいが、イモはさらに深いところで生育肥大するため湿害を受けやすい。とくに、降雨量の多い地域での転作田ほ場では発生しやすい。

①症状

○イモの尻部が腐って消失する（図3—42）。

○イモが栽培容器内を逆行したり、分岐したりする。
○褐色腐敗病、センチュウ害など病虫害が発生しやすい。
○収穫時のイモの水分が高く、貯蔵性が劣る。

②対策

○高うねにし、植え溝に雨水が入り込まないようにするなど、ほ場の排水対策に努める。

第4章　ジネンジョの上手な売り方とおいしい食べ方

1、販売方法

(1) 荷づくりは乾燥や外観に注意

販売用の荷づくりを考えるうえでのポイントは次の三つである。

①ナガイモなどに比べてきわめて乾燥しやすいので、しおれないような工夫が必要である。乾燥防止に、ラップでくるむかネギやウドなどの包装用のポリ袋に入れるとよい。

②イモの外観が重視されるので、できるだけ外からイモの様子が見られるような包装がよい。

③消費者は、ジネンジョのおいしさとともに、山の特産品というイメージ（貴重なもの、高価なもの、都会では手に入りにくいもの、山の豊かな自然の恵みなど）も同時に買っている。山のイメージを加えるものとしてワラやカヤでくるんだり檜の葉などを敷いたりするのもよい（図4—1）。

(2) 直売所などの対面販売は外観が決め手

道路沿いに設置されている農産物直売所や秋のイベントでの対面販売では、前述の②の外観と③の

図4—1　農協での荷づくり

乾燥防止にポリ袋で包み，さらにワラつとで包んで山のイメージを演出している

イメージが大切で、売り上げに大きく影響する。

また、対面販売で大切なことはジネンジョのおいしい食べ方を説明することである。ジネンジョを見つけるとのぞき込んだり、手に取ったりするお客さんも多いが、若い人の多くが調理方法を知らないので、販売すると同時に食べ方を教えてあげるようにする。

上手な販売の仕方に、山間地域では簡単に手に入る竹を活用した売り方がある。青竹を半部に割って中の節をとり販売用のケースとして用意し、乾燥しないようにラップで包んだイモを入れる（図4—2）。檜の葉などをイモの下に敷くと、さらに山のイメージが加わる。対面販売の場合は少し分岐していたり、蛇行しているほうがよく売れる。

(3) 宅配便の活用でリピーターを獲得

宅配便はそのほとんどが年末の贈答用である。農協の生産部会として活動しているところでは、農協が規格別に買い入れて化粧箱に入れ、宅配用に販売している場合が多い。また、個人でたくさんの本数を栽培している生産者は、自分で化粧箱を用意して宅配便で販売している。

購入者のほとんどが贈答用に購入するため三五〇〇～五〇〇〇円程度の価格帯がよく売れる。一番見栄えがいいのは、一本五〇〇グラムのイモを二本セットにして一キロとするか、あるいは三本セットにして一・五キロとし、上記の価格帯で販売するのがもっとも有利に販売できる（図4―3）。農協のジネンジョ担当者の話では、贈答用販売は毎年繰り返して購入してくれる人が多く、もっとも確実に販売できる売り方であるという。

図4―2　青竹に入れたジネンジョ
直売所で好評

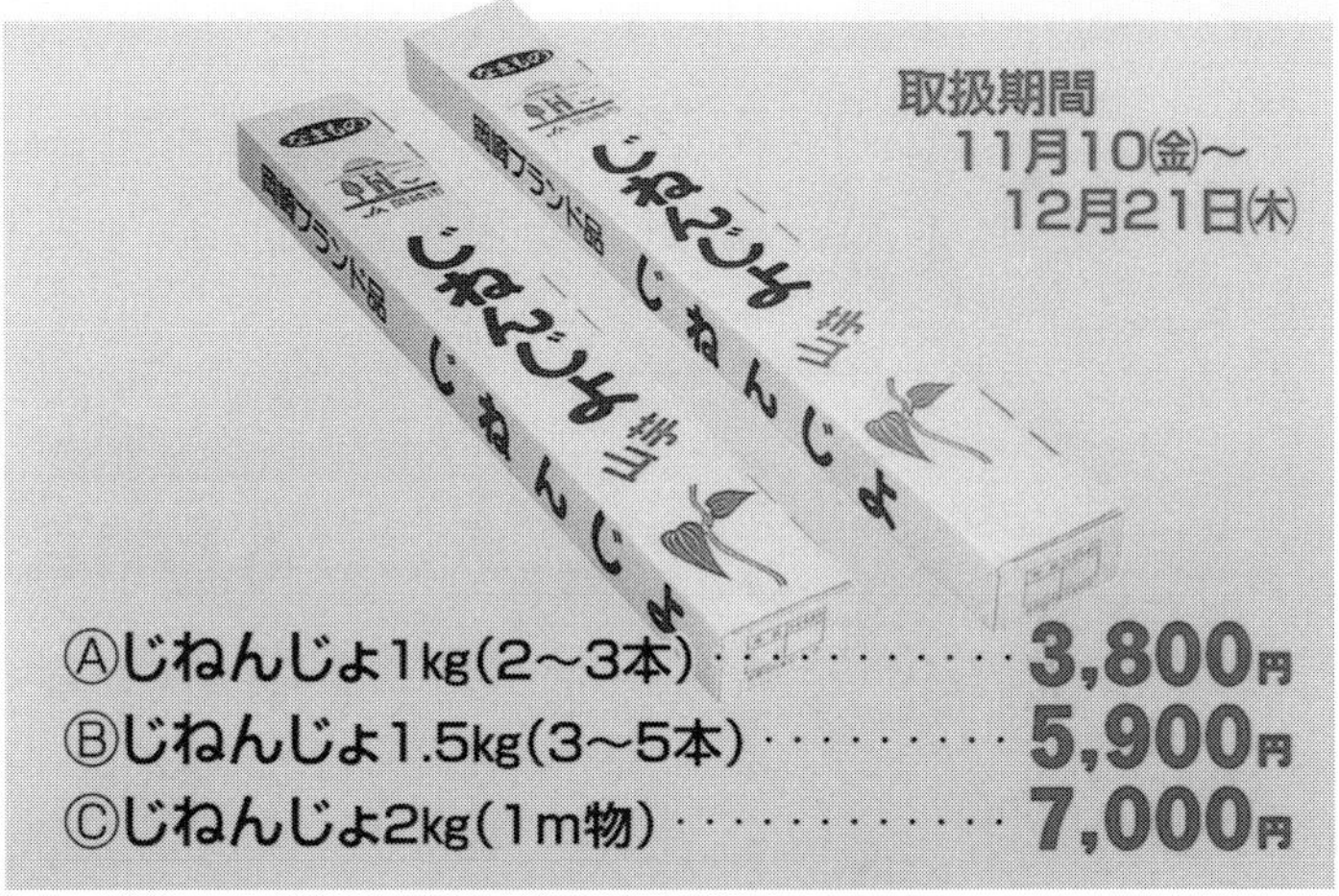

図4－3　宅配便での販売

1 kg（2〜3本）セットと1.5kg（3〜5本）セットが主で，年末の贈答に使われる

2、貯蔵方法

(1) 春までほ場内で保存できる

イモは低温に強く、ジネンジョが栽培されている地域であれば、ほ場で冬越しできる。三月中旬頃までは掘り上げず栽培容器内でそのまま貯蔵するほうが、掘り上げてから貯蔵するよりも、イモの腐りは少ない。地域や標高などによって差はあるが、三月下旬以降に地温が上昇して芽が動き出し、貯蔵養分が分解され品質が低下するので、この時期までには掘り上げる。

(2) 低温で長期貯蔵もできる

栽培面積の大きい生産者や農協などでは、荷づくりした後販売できるまでの間貯蔵する必要がある。貯蔵方法には、掘り上げてから販売するまでが一カ月程度の短期（年内）貯蔵と業務用販売などのための長期貯蔵とがある。

①短期の簡易な貯蔵のための留意点と方法

秋早くに掘ったイモや土壌水分の高いほ場で栽培されたイモは、水分が高く短期でも貯蔵に適さないので、掘り取り後早めに販売する。また、イモに少しでも腐りや傷があるとそこから腐る確率が高いので、こうしたイモは貯蔵せず、できるだけ早く食用に供する。

貯蔵するイモは、掘り上げ後、一日くらい日に干し、よく土を落とし、イモに腐りや傷がないかを見て、これらのないものだけを選び出す。イモの入る長さのコンテナに大きめの通気性のあるポリフィルムを敷き、この中にイモを重ねて入れ全体を包み込む。水分が高いと、イモとイモが接触している部分が湿気を持ち、腐りの原因となるので、上・中・下段に新聞紙をサンドイッチ状に入れ吸湿させる。

保冷庫に入れなくても、涼しくて温度変化の少ないところに置けば年内までの貯蔵は十分できる。

②長期の貯蔵のための留意点と方法

秋早くに掘ったイモは水分が高く長期の貯蔵に適さないので、長期貯蔵するイモは十二月以降に掘り取る。イモに少しでも腐りや傷があるとそこから腐る確率が高いので、こうしたイモは貯蔵しない。

貯蔵するイモは、掘り上げ後、一日くらい日に干し、土をよく落とし、イモに腐りや傷がないかを見て、これらのないものだけを選び出す。イモが入る大きさの細長いコンテナやダンボール箱（菊の出荷箱が流用できる）を用意し、これにポリフィルム（市販の白黒ダブルマルチが使いやすい）を箱の外に垂れ下がるくらいの大きさに切って中に敷く。森林組合や製材所などでオガクズを手に入れ、これを底に敷き、その上にイモが接触しない程度の透き間を空けて並べる。次に、イモが隠れる程度にオガクズをかぶせる。これを繰り返して箱の中に詰める。箱が一杯になったら、垂れ下がっていたポリフィルムを重ね合わせて密閉する。

庫内の温度を三～五℃に設定した保冷庫で貯蔵する。庫内では、できるだけ吹き出し口からの風が直接当たらないような場所に置く。農協などの保冷庫ではほかの農産物と一緒に入れられることが多く、ジネンジョだけのために温度設定を変えられない場合もあるが、〇～五℃の範囲であれば問題ない。秋の新イモが収穫できる時期まで貯蔵できる。

(3) 自家用なら簡易貯蔵

生産者のところでは特別な施設もないが、掘り取ってから種イモ用に春まで貯蔵する必要が生じることもある。(2)の長期貯蔵で述べた手順で箱詰めし、保冷庫の代わりに土蔵の中で貯蔵すれば三月までは十分に貯蔵できる。

なお、屋外でのさらに簡易な貯蔵方法もある。屋内での貯蔵と同様に健全なイモだけを選び出す。当然、水分の高いものも貯蔵には適さないので除く。貯蔵場所は建物の北側で、日の当たらない乾いた場所を選び、地面を板などで囲い、周囲から水が流入しないようにし、下から水分が上がってこないようにビニールを敷く。

この上に川砂か栽培容器に用いた赤土を広げ、貯蔵するイモを並べる。このとき、イモとイモが接触しない程度に間隔をとる。種イモとして貯蔵するため食用にしない場合はこの上に殺菌剤（ベンレートTなど）を粉衣すると腐敗はまったくしない。このようなサンドイッチ状態を繰り返して、五～六段積み上げる。温度変化を少なくするためにコモや南京袋などをかぶせ、その上から雨水などが入らないようにビニールシートをかぶせ、風ではがれないようにする。

なお、食用や販売に必要なときは、上から順次イモを取り出し、元の状態に戻しておけばよい。

3、各種ジネンジョ料理

ジネンジョ料理にはもっとも一般的な食べ方に「とろろ」がある。そのほかに、強い粘りを活かしていろいろと工夫した料理があるが、その一部を紹介する。ムカゴはイモと同様に栄養価が高く、調理方法もいろいろ工夫されている。

調理する前の下ごしらえと保存には次のことを注意する。ジネンジョはナガイモなどと異なり皮も食べられるので、むかない。ひげ根は、火にあぶり焼いて取り除く。その後、たわしなどでよく水洗いして、表面についた土や表皮の汚れを落として調理に用いる。秋早くに収穫したものはアクが残っていて、首部では変色しやすい。残ったイモは、乾燥しやすいので、ビニール袋に入れ冷蔵庫で貯蔵する。ムカゴは乾燥して表面にしわがあるものや、指で押さえて柔らかいものは、腐り始めているので取り除く。ビニール袋に入れて冷蔵庫に入れておけば、イモよりも長期の保存に耐える。

だし汁は、醤油に昆布やしいたけ、かつおぶしなどを好みに応じて入れてつくる。または、だし味噌(白味噌)を使ってもよい。

(1) とろろ料理いろいろ

とろろ汁

材料（四人分）：ジネンジョ二五〇グラム、卵一個、濃いめのだし汁三〇〇～四〇〇cc、薬味として青ネギ、青のり

つくり方：

①ジネンジョは下ろし金かすり鉢の目で下ろし、すりこぎでよくする。

②卵を溶き入れ、さらにすり込む。

③少しさましただし汁をゆっくりと加えながら、溶いてのばす。だし汁は粘りの程度をみながら加え、加えすぎないように注意する。

④器に盛り、薬味を散らしてこのまま食べてもおいしいが、温かいご飯の上にかけて食べれば「とろろ飯」となり、ジネンジョ特有の香りがご飯の湯気とともに立ち上り、さらにおいしく味わえる。

揚げとろろ

材料（四人分）：ジネンジョ三〇〇グラム、卵一個、濃いめのだし汁二〇〇～三〇〇cc、青のり、生しいたけ

つくり方：

①ジネンジョを下ろし金かすり鉢の目で下ろし、すりこぎでよくする。

②卵を溶き入れ、さらにすり込む。

③少しさましただし汁をゆっくりと加えながら、やや濃いめに溶きのばす。

④のばした③のとろろを適当な大きさに切ったのりで包み、中温（一六〇～一八〇℃）の油で揚げる。
⑤軸を取った生しいたけの裏に一味とうがらしをふり、③のとろろをのせ同様に揚げる。

落とし汁

材料（四人分）：ジネンジョ二〇〇グラム、ミツバ、カマボコなど

つくり方：

①ジネンジョを下ろし金で下ろす。
②塩を軽くふって薄く味を付ける。
③だし汁を煮立てて、②を小さく丸めて団子状にして汁に落とし入れる。
④団子が浮き上がってきたら火を止め、あまり煮すぎないようにする。カマボコ、ミツバなどを加えて食べる。

その他

そばや刺身の山かけや、いろいろな和え物、煮付け、お菓子などさまざまに調理できる。

納豆和え

材料（四人分）：ジネンジョ二〇〇グラム、ウメ干し一個、納豆八〇グラム、醤油小さじ一、ネギ一本、からし小さじ一、卵黄一個

つくり方：

①ジネンジョをいちょう切りにする。
②ウメ干しは種を抜いて包丁でたたく。
③納豆を練り、刻みネギ、ウメ、からし、醤

油、卵黄を加えて練る。

④①を加えて練り、器に盛る。

（ＪＡ額田町自然薯部会婦人部作成）

ジネンジョと豆腐のふわふわ蒸し

材料（四人分）：ジネンジョ一五〇グラム、豆腐二分の一丁、卵一個、ワカメ二〇グラム、ユズ皮少々

Ⓐ（だし汁二カップ、砂糖大さじ一、醤油大さじ三、みりん大さじ二、片栗粉大さじ一）

つくり方：

①ジネンジョをすり下ろし、水切りにした豆腐、卵を入れてさらにすり混ぜる。

②①を蒸し茶碗に流し入れ、一〇分程度蒸す。

③蒸し上がったら、刻んだワカメとユズ皮をのせる。

④Ⓐの調味料を煮立てて、さらに片栗粉を加えてとろみをつける。

⑤④のアンを③に静かに流し入れる。

（ＪＡ額田町自然薯部会婦人部作成）

ジネンジョのかるかんまんじゅう

材料（流し箱一杯分）［つくりやすい分量］：

ジネンジョ一五〇グラム、砂糖一二〇グラム、米粉一五〇グラム、水一〇〇cc、日本酒少々

つくり方：

①ジネンジョをすり鉢ですり下ろす。

②水と酒を加えてよくする。

③米粉、砂糖をさらに加えて、すり混ぜる

（好みで日本酒を加える）。

④水でぬらした型（湯飲み茶碗など）に入れ、蒸気の上がった蒸し器で一五～二〇分くらい蒸す。

（ＪＡ額田町自然薯部会婦人部作成）

(2)　ムカゴの食べ方

塩ゆで

材料：ムカゴ、塩

つくり方：

①ひとつまみの塩とムカゴを熱湯の中に入れ、ゆでる。

②ムカゴの大きさにもよるが、一五分ぐらいでゆで上がる。柔らかすぎると味が悪くなるので注意する。

③塩は、ゆで上がってから好みに応じた量をふってもよい。

ムカゴご飯

材料（四人分）：ムカゴ七〇グラム、米三六〇グラム、水四〇〇cc、塩少々

つくり方：

①米は普通にといで水四〇〇ccを入れる。ムカゴはよく水洗いして、火にかける直前に釜に入れる。

②塩を四～五グラム加えて炊く。

③炊き上がったら、よくかき混ぜて蒸らす。

④シイタケ、ニンジン、鶏肉などいろいろな具を加えて、炊き込みご飯にしてもおいしいが、塩味だけのほうが素朴でムカゴの風味を味わえる。

ムカゴ入り雑炊

材料（四人分）：ご飯（茶碗一杯）、ムカゴ（カップ一杯）、生しいたけ、ミツバ、卵など好みの具、だし汁、醤油、青のり少々

つくり方：

①だし汁の中に水洗いしたご飯、ムカゴ、生しいたけなどを入れる。

②一煮立ちしたら、調味し、溶き卵を加えて煮上げる。温かいうちにのりをかけて食す。

磯辺揚げ

材料（四人分）：ジネンジョ二〇〇グラム、卵一個、のり二枚、ゆでたムカゴ二四粒、塩少々

つくり方：

①ジネンジョをすり下ろし、卵を加えてさらにすり下ろす。

②のりを四等分し、①を包む。

③ゆでたムカゴを二～三粒加えて、油で揚げる。

③揚げ上がったら、熱いうちに塩をふりかける。

（ＪＡ額田町自然薯部会婦人部作成）

その他

かき揚げ、煮物、味噌和えなど、おいしく調理できる。

(3) 薬用、強壮効果

ジネンジョには健康に役立つ多くの有効成分が含まれている。漢方医学では「山薬」と呼ばれ古くから利用されてきた。その効果を整理してみると次のようなことがあげられる。

○消化酵素のジアスターゼ、アミラーゼ、カタクラーゼを多く含み、胃腸の調子を整える効果がある。これらの消化酵素は加熱に弱いので、だし汁を加えるときは人肌程度にさます。

○粘りが腸内の老廃物を排泄して腸の調子を整える。

○糖尿病の治療薬である八味地黄丸にも配合され、生理機能を調整し血糖値をコントロールする働きがある。

○アミノ酸、コリン、グルコサミン、アラントインといった、体力が低下したときに有効な成分が含まれており、漢方では胃、肺、腎の滋養薬ともされている。

付録1．ジネンジョ栽培暦

月	作業の重点項目	
3	①・②ほ場準備	配水対策を必ず行なう。パイプ埋設1カ月前までに完熟堆肥を施用しておく
	催芽床の準備	通気性のよい粗目の川砂またはオガクズを利用する。オガクズは吸水しにくいので十分湿らせてから使用する
4	種イモの準備	晴天の日を選び、50g前後の重さに切る。ベンレートT500倍液に1時間つけ消毒し、切り口を1日くらい乾かす。種イモは毎年更新する
	③催　芽	パイプハウス、トンネンを利用する。種イモを催芽床に埋め、床温25℃に加温し、十分にかん水する
	パイプの土入れ	「山から掘り取った無菌の赤土」を適度に湿らせパイプ一杯に硬く詰める。全体で重さ約5kgを目安とする
	④うねつくり	うね幅1.5m、深さ50～60cm、株間約25cmとし、パイプ埋設後案内棒を立てる
5	⑤定　植	晩霜の恐れがなくなってから、芽を1芽に整理して植え付ける
	⑦誘　引	キュウリネットを用いて垂直に誘引する。あるいは2～2.5mの竹などを用い、1～2株に1本の割合で合掌式に支柱を立てる
	定植後の管理	定植が終わったら必ずかん水する。根が乾燥すると生育が遅れる。除草剤トレファノサイド粒剤をまく。ツルが1mに伸びたとき、株元に土寄せして雨水が入らないようにする

作業内容と留意点

①ほ場の選定

○耕地の地質条件は問わないが、日照時間の長いところで、排水がよく、水利便のよいところを選ぶ

②資材の消毒

○前作に使用した支柱などの資材は、ケミクロンGなどで消毒してから用いる

③催芽

○通気性のよい川砂かオカクズを利用する

○催芽開始から30日程度で萌芽する

○25℃前後の安定した温度で過湿過乾にしない

④うねつくり

○うね幅150～180cm、深土50～60cmにトレンチャーなどで掘る

⑤定植

○発芽点がパイプ開口部の中心になるように配置する

開口部と種イモは20cm程度離す

⑥肥料　kg/10a

肥料名	元肥	追肥		成分量		
		①	②	N	P	K
完熟堆肥	5000					
苦土石灰	200					
鶏糞(2−2−1)	300			6	6	3
有機化成A801(8−8−8)	100	50	50	8 8	8 8	8 8
合計				22	22	19

月	作業	内容
6	⑥元肥施用	定植1カ月程度を目安に元肥を施用する。土寄せ時に、鶏糞、有機化成A—801を用い、うねの肩にふる
7	⑦敷きワラ	泥はね防止と除草のため、梅雨前に敷きワラを敷く
	⑧病害虫防除	炭そ病の予防。ヤマノイモハムシ、アブラムシ、コガネムシの防除
	敷きワラ	地温の上昇を防ぐため、梅雨明け時に敷きワラを厚く敷く
	⑨かん水	7月下旬から9月中旬までの乾燥期には適宜かん水してイモの肥大をはかる
8	第1回追肥	有機化成A—801をうね間に施用する
	病害虫防除	炭そ病、葉渋病の予防。ダニ類、ヤマノイモコガ、コガネムシ、ヤマノイモハムシの防除
	⑧第2回追肥	有機化成A—801をうね間に施用する
	ムカゴの除去	着生するムカゴは自然落下する前に早めに取り除く。収集しやすいように寒冷紗をうね間に敷く。ムカゴはほ場に残しておくと翌年発芽してくる
9	⑧病害虫防除	炭そ病の予防
11	⑩収穫	霜が1～2回降り、ツルが枯れてから収穫する。収穫は、2～3日晴天が続き、ほ場が乾燥したときに掘り取る

⑦支柱と敷きワラ

○ジネンジョは地温の低い所を好むので、梅雨明け前には敷きワラをして地温の上昇を防ぐ

○支柱は強風対策を十分に考慮し、補強材を入れる

⑨かん水

○土壌が乾燥しやすい梅雨明けから9月中旬は、新生イモの肥大時期であるので、適宜かん水する

○一度に多量のかん水をすると横すじ状の亀裂が入るなどの障害が出るので、少量多回数で行なう

⑩収　穫

○霜が降り、ツルが枯れてから収穫する。茎葉が青いうちに収穫すると、水分が多くてイモが柔らかい。また、「アク」が強く、品質が落ちる

○収穫したイモは、表皮を傷つけないように刷毛などで土を落として出荷調製する。ジネンジョの含水率は75～80％で、しおれやすいため、乾燥には十分注意する

⑧病害虫防除

病害虫名	農薬名	使用濃度
炭そ病 葉渋病	トップジンM（水） ダコニール1000（水）	1,500倍 1,000倍
アブラムシ ヤマノイモコガ ヤマノイモハムシ コガネムシ ダニ類	DDVP（乳） アディオン（乳）	1,000～2,000倍 2,000倍

静岡県

丁字屋（ちょうじや）	静岡市	TEL　054−258−1066
渓月（けいげつ）	静岡市	TEL　054−259−1795
とろろや	浜松市	TEL　053−448−1905

愛知県

とろろ庵	瀬戸市	TEL　0561−84−0187
麦とろ亭	安城市	TEL　0566−72−3058
松屋	豊川市	TEL　0533−86−2825
恵乃き（すえき）	豊田市	TEL　0565−27−6878
ほっとい亭	豊橋市	TEL　0532−88−0149
麦とろ屋	豊橋市	TEL　0532−88−0149

三重県

自然薯料理専門店茶茶（ちゃちゃ）	菰野町	TEL　0593−94−3466
本居庵（もとおりあん）	松坂市	TEL　0598−22−1283

長野県

じねん亭	根羽村	TEL　0265−49−1066

福岡県

わらじや	福岡市	TEL　092−851−9791

付録2. 種イモおよび資材の入手先

ジネンジョの種イモ及び生産資材（主に栽培容器）の入手先を紹介する。栽培容器などは直接注文して購入する必要があるが，種イモや一般的な生産資材は農協かあるいは園芸店などでも取り寄せができるので相談してみるとよい。

○政田自然農園（種イモ及び生産資材［クレバーパイプなど］）
山口県柳井市　TEL　0820−22−2222
○細川ふる里農園（種イモ及び生産資材［イモナールなど］）
福島県小高町　TEL　0244−44−3676
○玉川じねんじょ園（種イモ及び生産資材［おふくろなど］）
栃木県塩谷郡連川町　TEL　0286−86−3968
○カネコ種苗（種イモ）
群馬県前橋市　TEL　0272−51−1611
○福種株式会社（種イモ）
福井県福井市　TEL　0776−52−1100
○東海エバーグリーン株式会社（生産資材）
静岡県榛原郡吉田町　TEL　0548−32−0966
○シンワ株式会社（出荷資材）
大阪府高槻市　TEL　072−675−5971

付録3. ジネンジョ料理専門店案内

まだほかにもたくさんお店があると思われるが一部を紹介する。関東地方にも「とろろ料理専門店」は数多くあるが，材料には主にヤマトイモが使われているので紹介しなかった。また，関西地方も同様で，材料には主にツクネイモを使用しているので除いた。ジネンジョ料理の専門店は東海道に沿ってお店が多い。こうしたお店に足を運んでみると，どんなジネンジョが業務用に向くのか，客の反応がどうかなど，いろいろな情報が得られ，ジネンジョ生産の参考になる。

著 者 略 歴

飯田　孝則（いいだ　たかのり）

1954年愛知県稲沢市生まれ。

1981年愛知県職員に採用され、農業総合試験場に勤務。イチゴの育種やウイルスフリー化などを担当後、農業総合試験場の分場である山間技術実験農場（現・山間農業研究所）へ転勤し、ジネンジョを担当する。

現在は、ジネンジョの育種および栽培技術の開発をはじめ、山間地域の特産作物育成に関する試験研究に従事する。

◆新特産シリーズ◆
ジネンジョ
―ウイルスフリー種いもで安定生産，
上手な売り方と美味しい食べ方―

2001年３月31日　第１刷発行
2022年10月15日　第15刷発行

著　者　飯田　孝則

発行所　一般社団法人　農山漁村文化協会
郵便番号　107-8668　東京都港区赤坂7丁目6-1
電話　03（3585）1142（営業）　03（3585）1147（編集）
FAX 03（3589）1387　　振替　00120-3-144478

ISBN978-4-540-00197-0　　製作／(株)農文協プロダクション
〈検印廃止〉　　印刷／(株)新協

製本／根本製本(株)
Printed in Japan　　定価はカバーに表示
乱丁・落丁本はお取り替えいたします。